H. Löschhorn

Kudrun

H. Löschhorn

Kudrun

ISBN/EAN: 9783744648899

Hergestellt in Europa, USA, Kanada, Australien, Japan

Cover: Foto ©Andreas Hilbeck / pixelio.de

Weitere Bücher finden Sie auf **www.hansebooks.com**

Kudrun

übertragen und erläutert

von

H. Löschhorn.

— — ...

Halle a. S.,

Verlag der Buchhandlung des Waisenhauses.

1891.

Für die Gestaltung dieses Heftes trägt die Verantwortung ausschließlich der Herr Verfasser.

Die Herausgeber.

Einleitung.

Die unter dem Namen Kudrun bekannte, dem Mittel=
alter angehörende deutsche Dichtung ist allein in einer Aufzeich=
nung erhalten, die rund dreihundert Jahre jünger ist, als der
Abschluß des vorliegenden Gedichts. Kaiser Maximilian I. ließ
von 1502—1515 durch Hans Ried, den Zolleinnehmer am Eisack
in Botzen, eine Reihe altdeutscher Dichtungen abschreiben und in
einem umfangreichen Pergamentbande vereinigen, welcher nach
dem Orte, der ihn ehemals bewahrte, das Ambraser Helden=
buch hieß. Seit dem Jahre 1806 befindet sich der gewaltige,
mit vielen Randverzierungen und Bildern geschmückte Folioband
in Wien. Schon die Überschrift des Gedichts Ditz puech ist
von Chautrun verrät, daß der Schreiber die ihm nicht mehr
geläufigen mittelhochdeutschen Wortformen der Sprache seiner Zeit
gemäß umgestaltete; er änderte mitunter die Flexion, ersetzte na=
mentlich der von Österreich ausgehenden Vokalsteigerung entspre=
chend mhd. î û in durch ei au eu (sein, tausend, freundt)
und schied altes und neues, aus î entstandenes ei gewissenhaft
durch die Zeichen ai ay und ei ey (ainem, baide, berait,
haiß ich, streyt). Eine Probe seiner Niederschrift giebt Anhang I,
ein Faksimile des Anfangs findet sich in Königs Litteraturgeschichte
20. Aufl. S. 100 (Abriß S. 24).

Aus dieser Handschrift ist zuerst im Jahre 1835 der mhd.
Text hergestellt worden. (Vgl. Anhang II.) Bei seiner Lektüre
wird es kaum entgehen, daß die erzählten Tatsachen nicht selten
miteinander in Widerspruch treten, daß Wiederholungen, Unter=
brechung des Fadens, Unklarheiten den Genuß hindern, daß die
Ereignisse bald so, bald anders motiviert erscheinen, die Zeit=
angaben schwanken, die Charaktere miteinander unvereinbare Züge
aufweisen, der Ton häufig wechselt u. a. Eine ‚wüste Menge
Ergänzungen und Zusätze‘ sind über die ganze Dichtung aus=

geschüttet und lassen Einheit und ruhigen Fortschritt des Berichts
vermissen. Man hat versucht, diese Bestandteile zu entfernen und
eine Reihe echter, ursprünglicher Strophen herzustellen; indessen
scheint der Zustand, in dem sich die Überlieferung des Gedichts
befindet, die Bemühungen einer scharfsinnigen Kritik zu vereiteln.
‚An eine Wiederherstellung der ursprünglichen Dichtung ist gar
nicht zu denken‘, sagt W. Wilmanns. ‚Was man bisher als
echte Lieder ausgegeben hat, ergiebt sich an vielen Stellen als
eine Komposition von Bestandteilen sehr verschiedenen Ursprungs.‘

Ebenso offenbar ist es, daß sich der Stoff des Epos in drei
Gruppen gliedert: der Mittelpunkt der ersten ist der wilde Hagen;
die zweite beherrscht Hilde, die dritte Kudrun. Hagens Geschichte
ist dem Volksgesange fremd und wurde von Spielleuten erfunden;
die anderen Teile beruhen auf alter volkstümlicher Überlieferung,
auf Volksliedern.

Mythus und Sage, die Vorstufen der eigentlichen Geschichte,
sind die Grundlagen volkstümlicher, epischer Überlieferung. Die
Erscheinungen des Naturlebens, die Kämpfe des Menschen mit
den Kräften der Schöpfung entwickeln in ihm die Vorstellungen
höherer Gewalten; die Phantasie stellt sie in Wechselwirkung und
Zusammenhang; doch sie vermag sich der Erfahrung nicht zu ent-
schlagen, die ihr das tägliche Leben bietet, und unbewußt macht
sie ihre Erfindungen zu Abbildern des Menschlichen. Wenn
Winter und Frühling wechseln, der wärmende Sonnenstrahl die
Eisscholle bricht und den hartnäckigen Feind vernichtet, wenn Tag
und Nacht einander ablösen in ewig gleicher Folge, so erscheint
alles dies der Phantasie des Naturmenschen als ein Kampf, der
immerfort sich erneut und hinter dem es keinen Frieden giebt.
Der Kämpe erlegt den Gegner; der aber ist nicht tot, er springt
empor, wenn seine Zeit gekommen, und bereitet seinem Sieger
das gleiche Geschick. So fechten nach der nordischen Überlieferung die Einherjar, die Helden in Walhalla, von Morgen bis
Abend; dann aber erheben sich die Gefallenen und kehren heim
mit den Genossen in Odins Saal. Ähnliches weiß die prosaische
Edda des Snorri Sturluson († 1241) zu berichten. Um den
jungen Skalden zu erklären, weshalb ihre Kunst den Begriff
Schlacht durch den Ausdruck ‚der Hiadninge Wetter oder Sturm‘
wiedergiebt, erzählt sie folgendes: Ein König, Högni genannt,
hatte eine Tochter, die hieß Hilde. Sie wurde, während ihr
Vater zur Versammlung der Könige geritten war, von Hedin

geraubt, Hiarrandis Sohn. Als Högni nun hörte, daß man mit
Heeresmacht in sein Reich gefallen war, und daß man seine
Tochter fortgeführt hatte, ritt er mit seinen Mannen aus, um
Hedin aufzusuchen; da hörte er, daß der Feind nordwärts an
der Küste entlang gesegelt war. Als aber König Högni nach
Norweg kam, sagte man ihm, Hedin habe sich nach Westen ge=
wendet. Da segelte er ihm nach bis zu den Orkneys, und als
er nach der Insel kam, die Haly heißt, da lag Hedin mit seinem
Heere davor. Da ging Hilde ihrem Vater entgegen und bot ihm
in Hedins Namen ein Halsband zum Vergleich; wenn er es aber
nicht annehmen wolle, so sei Hedin bereit zum Kampfe und
Högni hätte keine Schonung von ihm zu erwarten. Högni ant=
wortete seiner Tochter hart, und als sie Hedin traf, sagte sie
ihm, daß Högni keinen Vergleich wolle, und forderte ihn auf,
sich zum Kampfe fertig zu machen. Und so thaten beide; sie
gingen auf die Insel und ordneten ihr Heer. Da rief Hedin
seinen Schwiegervater an und bot ihm Vergleich und Gold zur
Buße.[1) Högni entgegnete: ‚Zu spät bietest du dies, wenn du
einen Vergleich begehrst, denn nun habe ich schon mein Schwert
Dainslaif gezogen, das Zwerge schmiedeten; ein Mann muß
sterben, so oft es entblößt wird; sein Hieb fehlt niemals, und
Wunden schlägt es, die nimmer heilen.‘ Da sprach Hedin: ‚Des
Schwertes rühmst du dich, aber noch nicht des Sieges. Ich
nenne jedes Schwert gut, das seinem Herrn treu ist.‘ Da er=
hoben sie den Kampf, der Hiadningawig (Kampf der Hiadninge)
heißt, und fochten den ganzen Tag, und am Abend fuhren die
Könige wieder zu den Schiffen. In der Nacht aber ging Hilde
zur Walstatt und erweckte durch Zauberkraft alle Toten, und am
andern Tage zogen die Könige wieder zum Schlachtfelde und
kämpften, und ebenso alle, die am Tage zuvor gefallen waren.
So währte der Streit einen Tag nach dem andern, und alle,
die da fielen, und alle Schwerter, die auf der Walstatt lagen,
und alle Schilde wurden zu Stein. Doch sobald es tagte, stan=
den die Toten alle wieder auf und kämpften, und alle Waffen
waren wieder brauchbar. Und in den Liedern heißt es, die
Hiadninge würden so fortfahren bis zur Götterdämmerung.

---

1) Für die Braut erhielt der Vater Geld oder Gut; damit löste sie
der Bräutigam aus der Mundschaft des Vaters, die er und seine Sippe
nun übernahmen. Also ein Rechtskauf, kein Personenkauf.

Diese Sage war auch bei den Sachsen Britanniens und auf
den Shetlandsinseln, wenn auch mit mancher Abweichung, ver=
breitet. Högni und Hilde entsprechen dem Hagen und der Hilde
der deutschen Dichtung, Hedin ist Hetel, in Hiarrand erkennt man
den Sänger Horant. Hedins Mannen sind die Hiadninge; im
Epos vertreten sie die Hegelinge. Von den Küstengegenden des
nordwestlichen Deutschlands verbreitete sich die Hildensage nach
Süden und Südosten. In der zweiten Hälfte des elften Jahr=
hunderts muß sie bereits in Bayern bekannt gewesen sein, und
um das Jahr 1130 konnte Lamprecht, der Dichter des Alexander=
liedes, sie bei seinen Zuhörern voraussetzen.

> Von einem Kampf hören wir sagen,
> Der auf dem Wülpenwerder geschah,
> Wo Hildes Vater tot lag,
> Zwischen Hagen und Wate.
> Der konnte sich diesem (d. h. dem Kampfe gegen die Perser) nicht
> Herwich und Wolfwin [vergleichen.
> Konnten ihm nicht gleich sein,
> Auch kein anderer Mann:
> So furchtbar war Alexander.

Die dem Lamprecht bekannte Sage unterschied sich demnach
wesentlich von der in unserer Dichtung vorliegenden. Die ge=
raubte Königstochter hieß wie in der skandinavischen Überlieferung
Hilde, ihr Vater fällt in dem Kampfe mit dem Entführer. In
welchem Verhältnis er aber zu den übrigen Personen steht, bleibt
unklar: Lamprechts Worte lassen nicht erkennen, ob Hagen und
Wate Freunde oder Feinde des erschlagenen Königs waren.
Neu aber ist es, daß der große Vernichtungskampf auf dem
Wülpenwerder ausgefochten wird. Unser Epos nennt dieses
Schlachtfeld erst in der Geschichte der Kudrun. Möglich ist, daß
bei der Anordnung des Stoffes die weitberühmte Kampfszene als
ein Haupteffekt demjenigen Teile der Dichtung eingereiht wurde,
der als der bedeutendere erschien, und so aus der Hildensage in
die von Kudrun überging.

Der Ursprung der letzteren ist in Dunkel gehüllt. Wichtige
Ereignisse hat sie mit der Hildensage gemein: eine Entführung
und einen sich daran knüpfenden Kampf zwischen den Räubern und
den Verwandten der entführten Jungfrau. Aber diese folgt in
der Hildensage den Fremden freiwillig, in der Kudrunsage mit

Widerstreben; demgemäß endet dort der Kampf mit Versöhnung, hier mit Tod und Flucht; dort ist keine Fortsetzung der Geschichte mehr nötig, hier erhebt sie sich zu dem großartigen Gemälde, das der Dichtung ihren Hauptreiz verleiht: die geraubte Königstochter, in unwandelbarer Treue dem Geliebten ergeben, duldet Schmach und Knechtschaft, bis der Tag der Rache anbricht und sie von ihrer Not befreit. ‚Das Lied von Hilde ist Vorspiel, das Lied von Kudruns Not und Erlösung bildet den Kern des Gedichtes. Jenes hinterläßt eine heitere Stimmung; dieses wird immer düsterer und düsterer und streift hart an der Tragik vorbei.‘ (Scherer.)

Man hat auf geschichtliche Ereignisse und Personen hingewiesen, an welche Begebenheiten und Figuren der Dichtung anklingen, auf die gewaltige, kampfreiche Zeit der Normannenzüge, welche die Küstenwelt Deutschlands, Frankreichs, Englands erzittern machten. An die Nordsee und die untere Elbe und Schelde weisen auch die Örtlichkeiten des Gedichts. Dänemark, Stürmen, Seeland, der Holzsässen Land d. i. Holstein, Friesland gehören dahin; der Wülpensand oder Wülpenwerder, d. i. ein Eiland, auf dem Wulpen (engl. welp), die Jungen von Seehunden hausen, verrät durch das p den niederdeutschen Ursprung (vgl. Welf), ebenso wie das erste Element der Zusammensetzung Gûdrûn. Es ist dasselbe wie hochdeutsch gunt (Kampf) in Gunther, Hiltigunt, Gundobalt u. a. Nach Ausfall des n ist der vorangehende Vokal gedehnt: vgl. chûd = kund, ôdrô = andere (Hildebrandslied), engl. goose = Gans. Vgl. zu 148,2.

Aus niederdeutschem Gebiete verbreitete sich der Sagenstoff in das oberdeutsche, über Bayern gelangte er nach Österreich, und hier, genauer wohl in Steier, erlangte er die Fassung, welche dem uns erhaltenen Epos zu Grunde liegt. Die Spielleute bemächtigten sich seiner und ließen in kritikloser Schaffensfreudigkeit nach und nach eine Dichtung entstehen, deren willkürliche Verschnörkelungen einen ursprünglich reinen Aufbau nur noch ahnen lassen.

Ihnen gehört auch die Vorgeschichte vom wilden Hagen. Es war eine Neigung der mittelalterlichen Dichter, auch von den Vorfahren ihrer Helden zu berichten. Widmet doch selbst Gottfried von Straßburg einen beträchtlichen Teil seines Werkes den Eltern des Tristan. Da die Sagen außer dem Namen Hagen kaum einen Anhalt für solche Vorgeschichte boten, so war der Phantasie keine Schranke gesetzt, und mit Benutzung aller der Spielmannspoesie geläufigen Materialien kam ein ganz neuer Ein=

gang der Dichtung zustande. Der Orient mit seinen Wundern und seiner Farbenpracht, Ungeheuer der Luft und der Tiefe, entführte Königskinder, eine einsame Insel und darauf ein beschwerliches Leben nach Art des Robinson, Pilger und Kreuzfahrer, Proben ungestümer Kraft und Reckenhaftigkeit von einem Knaben abgelegt — alles das sind so gut wie Hoffeste, Kleiderpracht, der Magnetberg und das Lebermeer oft wiederkehrende und gewiß gern gehörte Motive dieser Poesie.

Die Form der Kudrundichtung ist eine der Nibelungenstrophe künstlich nachgebildete Strophe. Sie besteht aus vier Langzeilen, von denen die beiden ersten mit den entsprechenden Versen der Nibelungenstrophe übereinstimmen; die dritte Zeile geht klingend aus und reimt mit der vierten, deren zweite Halbzeile außerdem fünf Hebungen trägt. Indessen ist diese Strophe keineswegs durchgeführt: oft genug begegnet die Nibelungenstrophe, die den Sängern wie dem Publikum geläufige Form volkstümliches Gesanges. Beispiele der Kudrunstrophe finden sich unten, innerhalb der Vorgeschichte.

Die vorliegende, nach Maßgabe der ‚Vorbemerkungen‘ gefertigte Übertragung verzichtet auf vollständige Wiedergabe des Textes, da es im Unterricht nur darauf ankommen kann, dem Schüler ein Bild von dem Gange der Handlung und von den Charakteren der handelnden Personen zu geben. Sie berücksichtigt demgemäß in erster Linie die als echt und alt geltenden Strophen, ohne sich ängstlich an die Ergebnisse der bisherigen Forschung zu binden; vielmehr sind oft auch Zusätze übertragen, die den Zusammenhang herstellen oder für die Kenntnis der Charaktere von Wichtigkeit sind. Am Anfang wurden sogar absichtlich rein spielmännische Stellen aufgenommen, um die Eigenheiten der Dichtung der Fahrenden anschaulich zu machen. Auch sind Binnenreime, Wiederholung gleicher Worte u. ä. in der Übersetzung mehrfach wiedergegeben und durch gesperrten Druck angedeutet. Die dem modernen Ohr wenig angenehme Kudrunstrophe hat die Übertragung aufgegeben. Sie bedient sich der freien modernen Nibelungenstrophe, gestattet sich indessen zuweilen klingenden Versausgang. Daß die der Kudrun gewidmete gelehrte Forschung für die Arbeit verwertet wurde, wird keinem ihrer Kundigen entgehen.

I. Die Vorgeschichte.

(Vom wilden Hagen.)

Geres und Utes Sohn Sigebant war König von Irland.
Schon als Knabe lernte er die Waffen führen, mit dem Speere
reiten, fechten und schießen; als er aber das Schwert[1]) empfangen
sollte, da starb sein Vater und ließ ihn in der treuen Ute Schutz
zurück. Die Verwandten sorgten für standesmäßige Vermählung.
Sie warben um die Hand einer Fürstentochter aus Frideschotten=
land[2]), und gern zog die Schöne gen Irland. Siebenhundert
Recken und viele ansehnliche Jungfrauen begleiteten sie. Herrlich
war der Empfang, und fröhlich schlug das Herz des jungen Königs.
Zugleich mit der Hochzeit feierte man die Schwertleite des Herr=
schers: fünfhundert Jünglinge erhielten mit ihm die Ritterwaffen.
Lange Zeit gebot er dann in seinem Reiche, hochgeehrt von aller
Welt, ein Richter seines Volkes, ein Hort der Bedrängten, ein
milder[3]) Fürst und ein wackerer Held.

Drei Jahre waren ins Land gegangen, da wurde dem
Königspaar ein Sohn geboren, den nannten sie in der Taufe
Hagen. Mit großer Sorgfalt ward er auferzogen: erfahrene

---

1) Die feierliche Erteilung der Ritterwürde durch die Schwertleite,
die feierliche Umgürtung des Knappen mit dem Ritterschwert. Das mittel=
alterliche Epos liebt die Ausmalung solcher Feste, an denen mit dem
mündigen Königssohne noch eine Anzahl anderer Knappen das Schwert
empfingen. Berühmt ist der Mainzer Hoftag zu Pfingsten 1184; hier gab
Friedrich Barbarossa seinen beiden Söhnen das Schwert.

2) Schottland. Fride= wird mit frith firth (Meerbusen) zusammen=
gestellt. Frideschotten wären demnach Schotten, die an solchem Meer=
busen wohnen.

3) Milde, d. h. Freigebigkeit, ist nach mittelalterlicher Anschauung
eine notwendige Tugend des Herrschers. Der Gegensatz ist Kargheit.
Vgl. Str. 64, 4.

Frauen und schöne Mägdlein betraute der König mit seiner Hut.[1])
Als Hagen aber sieben Jahre alt geworden, suchte er die Ge=
sellschaft der Recken an seines Vaters Hofe, die Frauen waren
ihm verleidet. Sah das Kind Waffen, so begehrte es heftig da=
nach; Ritterkleidung, Helm und Panzer reizten seinen Sinn.

Eines Tages saß Sigebant mit seiner Gemahlin auf der
Terrasse vor dem Palast unter einem Zeberbaume. Die Königin
begann: ,Reich sind wir an Ehre. Eines aber nimmt mich
Wunder; das mag ich nicht verschweigen.' ,Was ist es?' fragte
Herr Sigebant. ,Selten', fuhr sie fort, ,sehe ich dich in Ge=
meinschaft deiner kühnen Helden. Keiner ist so reich wie du,
Silber, Gold und Edelstein hast du vollauf, Burgen und Länder
dienen dir. Aber zeigst du es auch? Anders sah ich meinen
Vater leben, als ich noch in der Heimat war: täglich pflegte er
seine Mannen zum Buhurt zu versammeln.[2]) So solltest auch du
thun und durch ritterlichen Kampf dein Land und dich selbst ehren.

Es ist um reiche Fürsten   kläglich nur bestellt,
Wenn sie zusammenraffen   unmäßig Gut und Geld,
Und es mit ihren Recken   nicht gern und freundlich teilen:
,Des Königs Hand sei milde,   wie soll man anders tiefe Wunden
                                        [heilen?'

,Haltet ihr mich für so verächtlich?' rief der edle König.
,Gern will ich eurem Wunsche folgen und ihr sollt sehen, daß
guter Rat an mir nicht verloren ist.' Nun beschlossen sie, im
Frühling ein großes Fest zu feiern. Freunde und Verwandte
wurden dazu geladen. Der nahe Wald mußte reichlich Holz her=
geben zu Stühlen und Bänken. Truchseß und Schenken[3]) hatten
emsig zu schaffen, denn sechzigtausend Helden kamen aus aller
Fürsten Reichen in König Sigebants Land geritten. Mit Rossen
irländischer Zucht, mit Waffen und Kleidern wurden die Fremden
beschenkt; auch schöne Frauen in neuen, kostbaren Gewändern wa=
ren in großer Zahl anwesend. Sie saßen im Fenster und sahen
dem Buhurt zu, der am Vorabend des Festes mit des Königs

---

1) Die Erziehung des Knaben lag zunächst Frauen ob, erst mit dem
achten Jahre wurde er Männern übergeben.
2) Aus franz. bouhourt; es bedeutet das Aneinanderrennen der Ritter
in ganzen Scharen, ein Reiterspiel.
3) Truchseß, Schenk, Kämmerer und Marschall: die vier Hofämter.

Erlaubnis geritten wurde. Dunkel ward da mancher leuchtende Helm vom Staube, und solche Freude fanden die Herren am unblutigen Kampfe, daß sie nur ungern ein Ende machten. Dann begrüßte die Königin die Gäste und gewann durch holdselige Rede manchen Freund.

So währte das Fest neun Tage. Am zehnten Morgen aber wandelte sich die Lust in Traurigkeit. Groß war das Getümmel im Hause des Königs: die Spielleute drängten sich herzu, und ihrer einer, reich an Kunst, spielte vor dem Wirt und seinen Gästen, und alle lachten über seine Späße.[1]) Indessen befand sich der junge Hagen unter Aufsicht eines Mädchens vor dem Palaste. Plötzlich verdunkelte sich der Himmel; wie eine gewaltige Wolke senkte es sich hernieder: ein wilder Greif kam herbeigeflogen[2]); der packte das Kind mit den Klauen und führte es von bannen durch die Luft. Das Mädchen war entflohen, und von ihr erfuhren die Eltern und die Gäste die traurige Mähr. Lauter Jammer erhob sich in dem Saale, der eben noch von fröhlichem Gelächter erscholl; Thränen flossen in König Sigebants Bart — das Fest war gestört, und schweren Mutes räumten die Fremden das Land.

In raschem Fluge hatte der Greif seine Beute über das Meer getragen. Auf einer fernen Insel hatte er auf einem hohen Baume sein Nest gebaut; schon harrten die hungrigen Jungen der Rückkehr des Alten. Lebend war Hagen in das Nest gebracht, und gierig fiel ein junger Greif über ihn her. Aber die Brüder wollten es nicht leiden, daß er allein die Mahlzeit hielt. Sie rissen das Kind hin und her, bis einer es ergriff und von einem Baum zum andern trug. Bald versagte ihm die Kraft; er fiel von einem Aste zur Erde und verlor dabei den Knaben, der sich, jämmerlich zerhackt und zerbissen, im hohen Grase barg.

Nun war es vor nicht langer Zeit geschehen, daß derselbe Greif drei Königstöchter aus fernen Landen auf die Insel ge-

---

1) Die bei solchen Festen zahlreich vertretenen Spielleute (Geiger, Fiedeler, Harfner), fahrendes Volk (vagi, vagabundi), verstanden sich auch auf mimische und gymnastische Vorstellungen (Gaukler, Loter, Gumpelmann).

2) Die Sage von den Greifen war schon den Griechen bekannt. In Deutschland verbreitete sie sich besonders durch die Geschichte vom Herzog Ernst.

schleppt hatte. Auch sie waren aus dem Neste entkommen und wohnten nicht weit davon in der Höhle eines Felsen. Als Hagen durch das Dickicht kroch, kam er an ihre Behausung.

Als ihn die Frauen sahen schleichen an dem Berg,
Da meinten sie in Ängsten, er sei ein wilder Zwerg,
Ein elbisch Ungeheuer [1]), entstammt des Meeres Tiefen.
Da kam er ihnen näher: wie furchtsam sie zum hohlen Felsen liefen!

Die Älteste redete ihn an: ‚Wie darfst du in unsere Nähe kommen? Gott im Himmel selbst hat uns diese Zuflucht ge=schenkt. Darum geh ins Meer zurück zu deinesgleichen; auch ohne dich ist unsere Not groß genug.‘ Das Kind erwiderte: ‚Laßt mich bei euch bleiben. Ich bin ein Christ. Ein wilder Greif trug mich hierher.‘ Da nahmen sie Hagen bei sich auf und bestürmten ihn mit Fragen nach seinen Eltern und seiner Heimat. Aber er sagte nur: ‚Ich habe Hunger. Seit drei Tagen habe ich nichts gegessen. Gewiß hat mich der Greif hun=dert Meilen weit durch die Luft getragen. Darum gebt mir zu essen und zu trinken.‘ ‚Wie wäre das möglich!‘ erwiderte eine der Jungfrauen. ‚Bei uns giebt es weder Schenken noch Truchseß.‘ Und sie begannen im Walde Wurzeln und Kräuter zu suchen und brachten, was sie fanden, ihrem Gaste. Der aß nach Herzens=lust, wenn auch die ungewohnte Speise ihm wenig behagte. Man=chen langen Tag blieb er bei den Jungfrauen in der Höhle und nährte sich mit ihnen von den Wurzeln des Waldes.

Einst erblickte Hagen auf dem Meere einige Schiffe; sie trugen Pilger [2]), die das heilige Land besuchen wollten. Aber ein heftiger Sturm hatte sich erhoben; die Wellen warfen die Schiffe hin und her, schleuderten sie an das felsige Ufer und zerschmetterten sie. Die Mannschaft ertrank, viele Tote lagen am Gestade, eine willkommene Beute für die Greifen, die sofort zur Stelle waren, um ein leckeres Mahl zu halten. Aus Furcht vor ihnen wagte sich Hagen nicht hervor, endlich schlich er an den Strand. Ein Mann in voller Rüstung lag dort. Er war den Greifen zu schwer gewesen! Hagen nahm ihm seine Waffen, Bogen und Schwert, und ließ es sich der Mühe nicht verdrießen,

---

1) vom Volk der Elben, Alben (Alp), Dämonen.
2) von Kreuzfahrern und Palästinapilgern redet die Spielmanns=dichtung mit Vorliebe.

den Toten aus dem schweren Panzer zu lösen. Da rauschte es plötzlich über ihm in den Lüften: mit scharfem Blick hatte der alte Greif den Knaben erschaut, der einst in seinem Neste Gast gewesen. Aber der Kleine zeigte, daß er aus einem Helden=geschlechte stammte. Als der gewaltige Vogel herabstieß, legte er den spitzen Pfeil auf den Bogen, aber er vermochte nicht, den Feind zu verwunden. Da versuchte er es mit dem Schwerte. Verstand er auch nichts vom Fechten, so war er doch mutig und unerschrocken: mit kräftigem Hiebe schlug er dem Greifen einen Flügel ab, ein zweiter Schlag beraubte ihn eines Beines. Das starke Tier lag am Boden und verendete.

Den Sieg hat er errungen,   der eine Greif war tot.
Geflogen kam ein zweiter,   der bracht' ihm arge Not.
Bald hatte er erschlagen   die jungen wie den alten;
Gott stand ihm bei im Streite;   wie konnt' er anders sonst den
[Sieg behalten?
Und als das große Wunder   nun glücklich war vollbracht,
Da rief er die drei Frauen   aus ihrer Höhle Nacht.
Er sprach: Euch sollen ergötzen   nun Luft und Sonnenstrahlen,
Der reiche Gott im Himmel   schafft Freuden uns nach vielen bittern
[Qualen.'

Groß war die Dankbarkeit der drei Jungfrauen; ihr Zwing=herr lag in seinem Blute, keine Macht hinderte sie mehr, auf der Insel umherzustreifen und ihre Freiheit zu genießen. Hagen erlangte bald Übung im Bogenschießen. Kein Vogel flog seinem Pfeil zu schnell, in kühnen Sprüngen folgte er den Tieren des Waldes und erlegte sie mit sicherer Hand. Wie ein wilder Panter lief er über die Felsen. So gewann er Gewandtheit ohne Vorbild und Lehrer; seine Verwandten waren fern, und keiner konnte ihn in ritterlichen Künsten unterweisen.

Als er eines Tages nach Gewohnheit durch den Wald wan=derte, stieß er auf ein Gabilun, ein grimmiges Ungeheuer. Das fürchterliche Tier drohte ihn zu verschlingen.[1]) Aber der Knabe wußte sein Schwert wohl zu gebrauchen; mit kräftigen Schlägen drang er auf den Feind ein und hatte ihn bald zu Boden ge=streckt. Hagen zog ihm die Haut ab und trank sein Blut. Da

---

1) sonst nur als Wappentier erwähnt. Ein in der Luft lebendes, eidechsen= d. h. drachenähnliches Tier. (Zacher.)

erhielt er die Kraft von zwölf Männern. Aus dem Felle aber
machte er sich einen Mantel. Auch einen Löwen fand er in dem
Dickicht, der war ihm dankbar für den Tod des Gabilun und
folgte ihm auf allen Wegen.

Die erlegten Tiere brachte der junge Held heim zu den drei
Jungfrauen. Holz gab es genug auf der Insel; aus den harten
Felsen schlugen sie Funken. Rauch drang jetzt aus ihrer Küche,
und die edlen Königstöchter verschmähten es nicht, Hand anzu=
legen und sich selbst das Mahl zu bereiten. Die lang entbehrte
Kost belebte sie mit neuer Kraft, sie erholten sich von aller
Schwäche und wurden so schön und lieblich, als ob sie an ihres
Vaters Hofe aufgewachsen wären.

Aber ein Gedanke nagte an ihrem Herzen und stimmte sie
immer wieder traurig. Sie meinten, daß sie immer in dieser
Einöde leben sollten. Da gewannen sie endlich den Mut, ihren
Zufluchtsort zu verlassen; sie wanderten mit großer Anstrengung
vierundzwanzig Tage lang durch den Tann, immer an dem
Strande des Meeres dahin. Da erblickten sie eines Morgens
ein Schiff. Hagens lauter Ruf wurde von den Seeleuten ver=
nommen; aber man konnte nicht glauben, daß Menschen auf der
Insel wohnten, und hielt darum die Gestalten am Ufer für
Wassernixen oder Kobolde. Des Schiffes Herr, ein Graf aus
Salme im Lande Garadie, machte indessen dem Zaudern der
Seinigen schnell ein Ende; er sprang in ein Boot, andere folgten
ihm, und bald waren sie in der Nähe des Strandes. Wie
staunte er beim Anblick der schönen Jungfrauen in der kümmer=
lichen Mooskleidung, und wie gern gewährte er ihre Bitte, sie
aus ihrer traurigen Lage zu befreien!

Man reichte ihnen Kleider und Speise, dann wurden sie
auf das Schiff geführt, und bald war die Insel, die sie so lange
beherbergt, aus ihren Augen verschwunden. Als sich die Jung=
frauen von aller Ermattung erholt hatten, fragte sie der Graf
nach ihrem Schicksal und nach ihrer Herkunft. Da sprach die
älteste: ‚Ich stamme aus einem fernen Lande; India ist es ge=
nannt. Mein Vater war dort Herr und König; ich werde
nimmermehr seine Herrlichkeit erblicken.‘ Die zweite sagte: ‚Auch
ich bin weit hergekommen; aus Portugal, meiner Heimat, ent=
führte mich der wilde Greif. Mein Vater beherrschte das Land
als ein gewaltiger Fürst.‘ Endlich gab die dritte Auskunft:
‚Mein Vater ist der König in Iserland; in früher Kindheit wurde

ich meinen Eltern geraubt.' Auch an Hagen wandte sich der Graf.
Der Knabe erzählte: ‚Ich bin aus Irland von den Greifen ent=
führt; da ist mein Vater der Herrscher. Ich aber lebte bei diesen
Frauen lange Zeit in Kummer und Not.' Da fragten alle: ‚Wie
konnte es nur geschehen, daß ihr euch so lange der Greifen er=
wehrtet?' ‚Das war Gottes Gnade‘, versetzte Hagen; ‚ich habe
es ihnen auch reichlich vergolten und den Alten totgeschlagen samt
seinen Jungen. Schwer genug ist es mir freilich geworden.' Dar=
über staunten die Schiffsleute und riefen: ‚Das hätten wir nimmer=
mehr zustande gebracht. Du bist ein tüchtiger Kämpfer und kannst
dich glücklich preisen.'

Mit heimlicher Furcht betrachteten sie fortan den starken
Jüngling; gern hätten sie ihn von seinen Waffen getrennt, aber
Hagen war auf seiner Hut und vereitelte ihre Anschläge. Da
sprach einmal der Graf zu ihm: ‚Mir ist endlich einmal das
Glück hold gewesen. Ich kenne deinen Vater und deine Freunde
wohl; sie sind daheim meine Nachbarn und haben mir manchen
Schaden gethan. Darum sollst du mein Gefangener sein und
ein Bürge für meine Helden, die dein Vater mir genommen
hat.' ‚An seinen Thaten bin ich unschuldig‘, antwortete Hagen;
gern möchte ich euch mit meinem Vater versöhnen, darum führt
mich nur in meine Heimat.' Aber der Graf wollte davon nichts
hören, er gedachte Hagen als Geisel zu behalten; die geretteten
Jungfrauen sollten als Ingesinde an seinem Hofe dienen. Das
erregte Hagens Zorn. ‚Ich will nicht Geisel sein,' rief er aus.
‚Wer sein Leben lieb hat, mag davon schweigen. Und ihr, gute
Schiffsleute, wendet die Segel und bringt mich nach Irland.
Reichlich will ich euch lohnen mit Kleidern und Schätzen.' Aber
auf des Grafen Befehl umringten die Leute Hagen; groß war
das Gedränge um ihn, aber es war zu ihrem Unheil. Wohl ihrer
dreißig ergriff er bei den Haaren und schleuderte die Wehrlosen
in die Flut. Nur auf Bitten der Jungfrauen schonte er des Gra=
fen. So ward er Herr des Schiffes, das nun seinen Lauf änderte.
Nach siebzehn Tagen kam die irländische Küste in Sicht; bald hob
sich Herrn Sigebants hoher Palast mit seinen dreihundert Türmen
aus dem Meere. Den Männern aus Garadie schlug das Herz
in banger Sorge, als sie den Boden des feindlichen Landes be=
traten; sie fürchteten alle den gewaltigen Sigebant und dachten
an den Tod. Aber Hagen ermutigte sie. Er sandte ihrer zwölf
zum Palaste, um dem Vater seine Ankunft zu melden. Ich weiß

zwar', rief er ihnen zu, ,daß der edle König euch nicht glauben
wird. Dann aber fragt meine Mutter, ob sie mich als ihren
Sohn annehmen will, wenn sie von einem goldenen Kreuze hört,
das ich auf der Brust trage.

Als Herr Sigebant die fremden Boten bemerkte, erkannte
er in ihnen Leute aus Garabie, seine Feinde. Er fuhr zornig
auf. Da nahm einer das Wort: ,Uns hat dein Sohn gesandt,
der junge Hagen. Wenn du ihn zu sehen verlangst, so kann
das wohl geschehen, denn er weilt ganz in der Nähe.' ,Ihr
wollt mich betrügen', erwiderte der König; ,mein Sohn ist längst
gestorben.' ,So fraget die Königin', sprach der Bote, ,ob Hagen
nicht ein goldenes Kreuz auf der Brust trug, als ihn der wilde
Greif entführte. Sie wird es bei dem Degen wohl wieder=
erkennen, und dann müßt ihr beide eueren Sohn in ihm sehen.'
Da stiegen Siegebant und Frau Ute, seine Gemahlin, zu Pferde
und ritten nach dem Strande, um den fremden Herrn zu em=
pfangen.

Hagen war aus dem Schiffe ans Land getreten. Da sah
er die Reiter heransprengen und beeilte sich, ihnen mit seinen
Begleitern entgegenzugehen.[1]) Siegebant hieß ihn in seinem
Lande willkommen. ,Seid ihr der Recke', sprach er, ,der uns
seine Boten sandte und sagen ließ, daß er des Königs Sohn
sei? Wäre die Rede wahr, so wollte ich von Herzen fröhlich
sein.' Ute aber sagte: ,Laßt uns allein; bald will ich erkennen,
ob er der Erbe unserer Krone sein wird.' Das Zeichen trog
nicht. Sie erkannte das Kreuz und küßte unter heißen Thränen
den wiedergefundenen Sohn. Auch der König trat heran und
bezeigte seine innige Freude.

Nun kamen auch die drei Königstöchter herbei. Frau Ute
beschenkte sie reichlich mit kostbaren Gewändern, die mit Pelzwerk
wohl besetzt waren. Der König und seine Helden begrüßten sie
mit großer Ehrfurcht. Auf Hagens Bitte verzieh Sigebant den
Leuten aus Garabie; auf ewige Zeiten hatte die Feindschaft ein
Ende. Nun ritten sie vom Gestade landeinwärts gen Baljan,
und bald stellten sich auf der Burg viele ein, die von der Rück=
kehr des Königssohns gehört hatten, aber die Kunde nicht glauben
wollten. Vierzehn Tage währte das Gedränge am Hofe zu Bal=

---

1) eine höfische Sitte. Vgl. Str. 50.

jan; dann entließ man die wassermüden Recken in ihre Heimat;
reich beschenkt kehrten sie nach Garadie heim und priesen die Milde
und Freundlichkeit des Königs in Irland.

Hagen erwuchs zum Manne und übte sich fleißig in allen
ritterlichen Künsten. Bald that er es jeglichem zuvor; ein ge=
waltiger Degen, rächte er seiner Freunde Leid an ihren Gegnern;
aber auch seine Milde war groß, und in allen Dingen hielt er
auf Rechtlichkeit und Ehre. Dafür wurde im ganzen Lande von
dem Helden gesagt und gesungen.[1]) Er hieß zwar mit seinem
Namen Hagen, bald aber nannte man ihn allgemein Vâlant
aller Könige[2]), und fürwahr, er zeigte sich des Namens wert!

Herrlich war das Fest, das Sigebant rüstete, als sein starker
Sohn das Schwert nahm:

Er ließ es verkünden   in aller Fürsten Land.
Wann man das Hoffest feiere,   that man da bekannt.
Daß karg der König wäre,   drob durfte keiner klagen!
Man setzte fest den Hoftag   in einem Jahre und in dreien Tagen.

Da rüsteten die Recken   zu froher Festesfahrt,
Sie hießen Schilde wirken —   daran ward nichts gespart —
Mit prächtigem Gewebe   die Sättel reich beziehen.
Zügel und Brustriemen   sah man von rotem Golde herrlich glühen.

Die Helden, die mit Hagen   legten die Waffen an,
Ließ er alle kleiden: viel Ruhm er drob gewann.
Die aus der Fremde kamen   geritten in die Lande,
Der waren tausend Helden.   Er schenkte ihnen Rosse und Gewande.

Er sprach zu seinen Freunden: ,Ihr ratet mir wohl klug,
Daß ich als König herrsche.   Drum ist es Recht und Fug,
Daß ich von Herzen liebe   die mit mir trägt die Krone.
So will ich nimmer ruhen,   bis ich ihr alle Mühe reichlich lohne.'

Wer die Erlesene wäre,   das fragte man allgemein,
Die vor allen Helden   zu Hof sollt' gehen ein.
Er sprach: ,Es ist Frau Hilde   aus India, dem Lande,
Mir und meinen Freunden   macht, mein' ich, sie in dieser Welt nicht
                                                    [Schande.'

---

1) ,singen und sagen', der formelhafte Ausdruck für die Dichtkunst.
2) nhd. Vollant, Teufel.

Das behagte seiner Mutter und dem König auch,
Daß man sie krönen sollte nach des Landes Brauch.
Von edlem Stamm geboren, ward sie des Reiches Segen.
Mit Hagen nahmen Waffen sechshundert oder mehr noch tapfrer Degen.

Das Fest währt' viele Tage, die Freude war da groß;
Es hallte oft der Kampfplatz von manchem scharfen Stoß.
Bis auf des Wirtes Worte man mußt' vom Platze scheiden.
Da durfte man sich setzen zu edlen Frauen und zu schönen Maiden.[1]

Vor allen Herren und Fürsten sprach Herr Sigebant:
,Meinem Sohne Hagen lasse ich mein Land,
Die Leute und die Burgen soll er als sein erkennen
Und alle meine Recken sollen ihn jetzt ihren Herren nennen.'

Als so des Reichs entsaget der König Sigebant,
Begann zu Lehen zu geben Hagen Burg und Land
Mit gütigem Willen. Die es erhalten sollten,
Er hielt sie für so bieder, daß sie es gerne von ihm nehmen wollten.

Nach altem Lehnsrechte legten sie die Hand
In des Königs Hände.[2] Geld und reich Gewand
Gab der milde Herre seinen Gästen allen.
So reiches Fest möcht' heute noch manchem armen Manne wohl gefallen.

Auch Hilde von Jserland wurde an diesem Hoftag vermählt.
Man gab sie einem jungen Fürsten zur Gemahlin, der bei der
Königin um sie geworben hatte. Dann verließen die Gäste das
Land. Hagen waltete in seinem Reiche mit großer Strenge.
Gleich im ersten Jahre ließ er achtzig Übelthäter oder mehr noch
enthaupten! Die Feinde seines Landes hatten bitteres Leid zu
tragen; er fiel in ihr Gebiet ein und verwüstete es mit Raub
und Brand.

---

1) Nicht ohne Erlaubnis des Königs durften die Helden den Frauen
nahen. Im Nibelungenliede fordert Gernot seinen Bruder Gunther auf,
Siegfried diese Erlaubnis zu erteilen.
Da ging des Wirtes Sippe dahin wo Siegfried stand.
Sie sprachen zu dem edlen König von Niederland:
Der Wirt hat's euch gestattet, ihr sollt zu Hofe gehn.
Seine Schwester soll euch grüßen, zu eurer Ehre wird's geschehn.'
2) Der zu Belehnende legte die zusammengefalteten Hände in die
des Lehnsherrn.

Hagen und Hilde von Indïa gewannen ein schönes Töchter=
lein, das nannten sie nach der Mutter Hilde. Selten nur be=
schien es die Sonne, nie berührte es ein Windhauch, auserlesene
Frauen von bewährter Treue hüteten sein: so war es der Wille
des wilden Hagen. Als die Maid zwölf Jahre zählte, hatte sich
der Ruf ihrer Schönheit schon weit verbreitet; edle Fürsten warben
um ihre Hand. Aber so viel der Boten deswegen auch in Hagens
Land kamen, keiner trug einen angenehmen Bescheid davon. Der
König ließ sie alle hängen. Zwanzig oder mehr noch verloren
ihr Leben. Bald wußte alle Welt, daß der stolze Hagen sein
schönes Töchterlein nur dem geben wollte, der stärker war als
er. Das hielt manchen zurück, um Hilde zu werben.

Doch ward sie drum vergessen von edlen Helden nicht.
Ist einer übermütig, — wie alte Weisheit spricht —
Er findet endlich einen, der gleich sich dünkt an Würde:
Es schuf schön Hildens Minne einem edlen Fürsten schweren Kummers
[Bürde.

II. Das Lied von Hilde.

a) Wie Wate nach Irland fuhr.

1. Es war ein Held erwachsen   fern in Dänenland.
   Zu Stürmen, an der Grenze,   — das ist weithin bekannt —
   Saßen seine Freunde,   die zogen ihn zu Ehr':
   Auch mußt' ihm Ortland dienen: er war gar stolz und hehr.

2. Er hieß der König Hetel.   Zu Hegelingen dort
   Gebot er nah bei Ortland;   nun lauschet meinem Wort:
   Da konnt' er über achtzig   und mehr der Burgen schalten;
   Ihm dienten ruhmreich alle,   die ihrer mußten walten.

3. Die besten seiner Helden,   die rieten ihm zu frei'n
   So wie es ihm geziemte.   Da warf der Degen ein:
   ,Ich kenne keine Jungfrau,   die in meinem Reich
   Mit Ehren Krone trüge   und die mir wäre gleich.'

4. Da sprach von Nifland   Morung, der junge Held:
   ,Ich weiß eine Jungfrau!   Man hat mir erzählt,
   Daß nirgends eine Schönere   lebt in der Sonne Schein.
   Wir sind bereit zu sinnen,   wie sie dein könnte sein.'

5. Er fragte, wer sie wäre   und wie sie sei genannt.
   Der sprach: ,Sie heißet Hilde   und ist aus Irland.
   Ihr Vater heißet Hagen,   von königlichem Stamm.
   Kommt sie in diese Gaue,   so lebst du wonnesam.'

6. Da hieß er Boten reiten   ins ferne Dänenland,
   Wo man seinen Neffen,   den edlen Horant fand.
   Er entbot ihm, daß zu Hofe   der Recke reiten solle
   Binnen sieben Tage,   wenn er ihm dienen wolle.

1,2 Unter der Mark Stürmen oder Sturmland, wo Wate sitzt,
ist wahrscheinlich das Gebiet der Sturmi zu verstehen, die in der Gegend
von Verden, zwischen Aller und Wümme seßhaft waren. — Unter Ort=
land (das Land der Spitze) ist Jütland zu verstehen.

An dem siebenten Morgen ritt der Held ins Land.   219
Er und sein Geselle trugen gut Gewand.
Der König säumte wenig entgegen ihm zu gehn:
Da sah er bei dem Recken den kühnen Frute stehn.

Und bald hat sich Herr Hetel an Horant gewandt: 225
‚Du darfst mir nicht verschweigen, ob dir die Mähr bekannt;
Wie steht es mit Frau Hilde, dem edlen Fürstenkinde?
Ich will, daß man ihr Grüße und meine Botschaft bringe.‘

‚Das wird sich so nicht fügen‘, sprach der Held Horant.   228
‚Als Bote reitet keiner für dich in Hagens Land.
Ich selber würde nimmer zu diesem Dienst mich drängen
Schön Hildens Werber heißt man erschlagen oder hängen.‘

Da sprach der Degen Frute: ‚Wollte Wate sein   230
Nach dem fernen Irland der Abgesandte dein,
So möcht’ es wohl gelingen, wir brächten dir die Frauen —
Oder tiefe Wunden würden unserm Leib gehauen.‘

Und wieder sprach Herr Hetel: ‚Warum besinn’ ich mich, 231
Den Helden zu besenden? Das weiß ich sicherlich:
Wohin ich es gebiete wird Wate gerne reiten.
Auch holet mir aus Friesland Irolt mit seinen Leuten.‘

Die Boten ritten eilig gen Stürmen in das Land,   232
Wo man den kühnen Wate mit seinen Helden fand.
Bald sagte man ihm, daß er zum König kommen solle:
Verwundert fragt’ der Alte, was der wohl von ihm wolle.

Er kam nach Hegelingen. Der Held ritt ganz allein.   235. 238
Stand hoch die Macht des Königs, war Wates Stolz nicht
                                    klein;
Auch übermütig war er in allem, was er sann.
Herr Hetel dacht’ in Sorge: ‚Wie fang’ ich es nur an?‘

Drum sprach der junge Recke: ‚Ich hab’ nach dir gesandt. 239
Einen Boten brauch’ ich in des wilden Hagen Land.
Nun weiß ich ihrer keinen, der besser werben kann,
Als du allein, Freund Wate: du bist dazu der Mann!‘

8,3 Assonanz auch im Original.

2*

15. Es haben mir geraten   alle Freunde mein,
    Ich sollt' zum Weibe wählen   Hagens Töchterlein.
    Ob er sie mir wohl gäbe?   Sie sei die Königin
    In meinem weiten Reiche,   danach steht mir der Sinn.'

16. Wate rief im Zorne: ,Wer dir das konnte sagen,
    Der würde meinen Leichnam   wahrhaftig nicht beklagen.
    Gewiß, der Däne Frute   blies dir es schlau ins Ohr,
    Daß ich schön Hilde führe   an deines Hofes Thor.'

17. Und als der kühne Alte   Horant erschaut'
    Und auch den Helden Frute,   da rief er laut:
    ,Gott lohn' euch allen beiden,   daß ihr für mein Behagen
    Durch diese Fahrt zu Hofe   wollt freundlich Sorge tragen.

18. Es liegt euch sehr am Herzen,   daß ich der Bote bin!
    Nun aber sollt ihr beide   mit mir zu Hagen ziehn,
    Sollt mit mir dort verdienen   König Hetels Dank:
    Wer mir die Ruhe störet,   teil' mit mir Not und Drang.'

19. Da sprach der Degen Horant: ,Wie gern fahr' ich mit dir!
    Erließ es mir der König,   ich bliebe doch nicht hier.
    Was kümmern mich Gefahren,   gilt's schöne Frauen sehn,
    Draus mir und meinen Freunden   viel Wonne mag entstehn?'

20. ,Wir sollen,' sprach da Frute,   ,siebenhundert Mann
    Mitnehmen auf die Reise;   der König Hagen kann
    Uns an der Ehre kränken   — er steckt voll Übermut:
    Sieht er uns stark begleitet,   so kühlt sich wohl sein Blut.

21. Herr König heißt bereiten   von Cypressenholz
    Starke, feste Balken   zu einem Schiffe stolz;
    Wert sei es, daß es trage   die eure Diener sind:
    Im Silberschmucke glänz' es,   treibt es dahin der Wind.

22. Schaffet Brot und Zukost,   wie man sie brauchen kann,
    Und Helme lasset schmieden   zum Schutze jedem Mann,
    Und feste Halsberge   — die führen wir von hinnen:
    Des wilden Hagen Tochter   hilft gute Wehr gewinnen.

17,3 — 18,1 natürlich Ironie. — 22,3 vgl. zu 442.

Wir werden mit uns nehmen   Waffen und Kriegsgewand. 252
Und weil um Hagens Tochter   so fährlich es bewandt,
Daß, wer sie will gewinnen,   das Schwert muß führen wohl,
So wähle Wate selber,   wer mit uns fahren soll.

Herr König, lasset eilen!   Es sei das Schiff gedeckt   255
Mit starken Eichenbohlen,   und in den Schiffsraum steckt
Der guten Recken hundert,   die helfen uns im Streit,
Wenn uns der wilde Hagen   Verderben sinnt und Leid.

Es soll mein Neffe Horant   — denn er versteht sich drauf! — (251)
In einer Bude stehen   und bieten an zum Kauf
Spangen blank und Ringe   manchen holden Frauen,
Auch Gold und Edelsteine: bald schafft uns das Vertrauen.'

Da sprach der alte Wate: ,Ich bin kein Handelsmann! 253
Was jemals ich erworben,   wie schnell es stets zerrann!
Ich teilt's mit guten Freunden,   so soll's auch ferner sein.
Doch weiß ich nicht zu reichen   den Frauen Schmuckgestein.'

Nun trieb zum Werk Herr Hetel,   und wacker griff man's an. (264)
Viel Mühe, wenig Ruhe   fand Meister Zimmermann.
Man baute da die Schiffe   mit Kunst und vielem Fleiß,
Am Bord erglänzten Bänder,   die waren von Silber weiß.

Die schlanken Masten standen   fest gefügt und gut. (265)
Da wand man um die Ruder   rot wie Feuersglut
Die goldenen Streifen: Reichtum lieh Hetel Macht!
Es ist die Fahrt beschlossen,   drum spart man keine Pracht.

Die Ankertaue waren   aus Arabia (266)
Geholt, aus fernem Lande.   Kein Menschenkind ersah
Nicht vorher und nicht später   Tauwerk so stark und gut.
Die Hegelinge fuhren   gar stattlich durch die Flut.

3,1 ,Dabei muß man stets berücksichtigen, daß die Kaufmannschaft
~rden in jenen Zeiten in ganz anderer Weise betrieben wurde, als
und anderwärts. Es sind Leute aus den besten Häusern, welche
it derselben befassen. . . . Für junge Leute zumal galt die Kauf=
~ür eine gute Schule, welche man sie erst durchmachen ließ, ehe sie
~ofdienste oder in früherer Zeit auch wohl der Heerfahrt sich wid=
· (Konrad Maurer.)

7—31 Beispiel spielmännischer Schilderung.

30. Der König hatte Eile   zu schaffen das Gerät.
Am Segeltuche wirkte man   emsig früh und spät.
Von Agabie die Seide   ward zu dem Werk genommen.
Es wollt' den guten Webern   viel Muße jetzt nicht frommen.

31. Und wer mag es uns glauben,   daß aus Silber gut
Man schmieden ließ die Anker?   Dem König stand der Mut
Nur nach der holden Jungfrau: drum bracht' es manchem Not,
Als er in Hast und Eile   zu schaffen da gebot.

32. Mit Bohlen und Balken waren   die Schiffe bald versehn,
Streit und Wetterstürme   konnten sie wohl bestehn.
Die Recken man besandte,   die Hetel auserwählt
Und zu der Fahrt nach Irland   vertrauensvoll bestellt.

33. Ritter und auch Knechte   traten die Reise an.
Es zogen wohl von dannen   dreißig hundert Mann,
Als triebe sie ins Elend   die Not und bitteres Leid.
Es sprach zu ihnen Hetel: ‚Gott geb' euch das Geleit.'

34. Bald blies in ihre Segel   von Norden her der Wind
So recht nach ihrem Willen: durch die Flut schnitt lind
Der Kiel, als sie vom Lande   der Hegelinge kehrten.
Die Schiffartskundigen   manchen Kunstgriff die Jungen
                                          lehrten.

35. Und fuhren sie auch gerne   hinaus auf hohe See,
Kam über sie unmerklich   doch Ungemach und Weh.
Es wechselte die Freude   mit manchem bittern Ach:
Wer auf dem Meere lebet,   kommt oft in Ungemach!

36. Es hatte tausend Meilen   das Wasser sie getragen
Nach Baljan, Hagens Veste,   wo, wie die Leute sagen,
Der arge König herrschte   mit Frevelmut und Hohn.
Die unverschämten Lügner!   Mein Buch weiß nichts davon.

37. Als nun der Hegelinge   gewaltige Reckenschar
Zu Hagens Burg gekommen,   nahm ihrer bald man wahr.
Die Leute fragten staunend,   aus welches Herren Land
Sie hergeführt die Wogen.   Sie zierte reich Gewand.

33,2 Man beachte die Übertreibung in der Zahlenangabe; vgl. 36,1.
33,4 Ein Reisesegen.

38. Sie traten aus den Schiffen   und trugen ans Gestad'   (291)
Was man zu kaufen pfleget;   an Schmuck und reicher Wat
Gab's, was ein Mensch begehret.   Ihr Vorrat war nicht klein,
Trotz mancher Mark im Beutel   kauft' keiner Speise ein.

39. Nach Art der Bürgersleute   sah man an Ufers Rand   (292)
Sechzig der fremden Männer,   vor ihnen allen stand
Von Dänemark Herr Frute,   der sollt' ihr Meister sein.
Man sah das schon am Kleide,   das war gar reich und fein.

40. Der Richter kam geritten   aus der Burg Baljan,   (293)
Weil er so reiche Gäste   selten nur gewann.
Mit seinen Bürgern hielt er   bald in der Fremden Mitte:
Die schlauen Kaufleute   verstanden feine Sitte.

41. Es fragte sie der Richter,   woher sie gefahren   (294)
Über Wog' und Welle?   ‚Gott möge euch bewahren‘,
Sprach da der Degen Frute,   ‚unser Land liegt fern gen Nord;
Wir führen Handelsware   und reiche Herren an Bord.‘

42. Für ihren Kram erflehte   Wate des Königs Schutz.   295
Man konnte leicht erkennen   des Helden herben Trutz:
Erwischt er ihrer einen,   hei, wie er kocht und schäumt!
Man führte zu dem König   die Fremden ungesäumt.

43. Was sie dem König gaben   war tausend Mark wohl wert   297
In kostbaren Dingen.   Er hätte nicht begehrt
Auch nur einen Pfennig,   doch wünscht' er, daß sie schauen
Ließen ihre Waren   die Ritter und die Frauen.

33,2 Wat = Gewand. Vgl. Uhland, Klein Roland: vierfältig Tuch
zur Wat.
40,1 Der Bürgermeister? Das entspricht nicht den Verhältnissen
der Heldenzeit.
44,2 Armring; mhd. bouc, zu biegen gehörend. Es sind spiral-
förmig gewundene Golddrähte gemeint, die besonders am Oberarm getragen wurden. Vgl. Hildebrandslied 33: wand er da vom Arme gewundene Bauge. — 3 Borte: ein aus Seide gewirktes, oft mit Goldfäden
durchzogenes Band. Es wurde als Einfassung der Kleider, Gurt, Schildriemen oder Haarband (Str. 56,3) verwendet. — 4 Schapel (franz.
chapeau), Hut, Kopfputz.

44. Nun begann er auszuteilen   was man ihm gebracht.
    Armringe sah man glänzen;   ihrer hatten acht
    Die minniglichen Frauen.   Manch eine Borte schwer,
    Manch Schapel und manch Ringlein   verteilt des Landes Herr.

45. Er sprach: ‚Es sei euch Friede   und Schutz allhier gewährt.
    Es büße mit dem Strange   wer euch kränkt und beschwert.
    Drum lasset jede Sorge,   ihr Herren aus fernem Land,
    Euch schirmt in diesem Reiche   des Königs starke Hand.‘

46. Sie brachten ans Gestade   mannigfaches Gut.
    Die man an Bord verborgen,   glühten vor Kampfesmut.
    Gern hätten sie geschwungen   im Streite Schild und Schwert,
    Doch harrten sie des Tages,   der Heimkehr froh gewährt.

47. Aufrichten hieß Herr Frute   für seinen Kram ein Zelt.
    Auf keinem Markt des Landes   war es so bestellt,
    Daß man so billig losschlug,   ohn' Feilschen, ungesäumt:
    Fast war am ersten Tage   der Vorrat schon geräumt.

48. Da sprach die schöne Hilde: ‚Lieber Vater mein,
    Heiß doch zu Hofe reiten   die werten Gäste dein.
    Man sagt, es sei da einer,   ein wunderbarer Mann:
    Wie wünsch' ich, daß ich einmal   den Fremden sehen kann!‘

49. Der Tochter zu Gefallen   den Gästen er entbot:
    Wenn sie in fremden Landen   empfänden Mangels Not,
    So sollten sie bei Hofe   sich freuen an Speis' und Trank.
    Da sprach der Däne Frute: ‚Der Ladung habet Dank!‘

50. Es war der König Hagen   reich und von stolzem Sinn.
    Doch ging er ihnen entgegen,   auch die Königin
    Erhob sich von dem Sitze,   als sie Herrn Wate schaute.
    Der blickte drein so finster,   daß jedem vor ihm graute.

51. Sie sprach nach höfischer Sitte: ‚Willkommen, Recken wert,
    Ich und mein Herr, der König,   haben wohl gehört,
    Daß ihr im Krieg bewähret   und müd' von manchem Streit:
    Euch reicht zu seinem Ruhme   der König Roß und Kleid.‘

52. Es neigten sich die Fremden   vor der Königin gut.
    Herr Hagen hieß sie sitzen,   wie man noch Gästen thut.
    Dann brachte man zu trinken   den allerbesten Wein,
    Der je im Fürstenhause   mag geflossen sein.

53. Lustige Scherze vernahm man überall. (337)
Die Königin, die edle, räumte da den Saal;
Sie sprach zum wilden Hagen: ‚Fürwahr, ich lüde gern
In meine Kemenate die ritterlichen Herrn.‘

54. Der König war es zufrieden, wie man uns gesagt. (338)
Die junge Königstochter hat nicht darum geklagt!
Sie schmückten um die Wette mit Gold sich und Gewand:
Sie hätten gern die fremden Kriegshelden auch gekannt.

55. Es schritt der alte Wate zum Gemach der Frauen hin. (340)
So greis er war von Locken, die Maid im Kindessinn
Gedacht', sie müsse zeigen, daß Sitt' und Zucht sie kannte:
Mit höfischem Gruße sie sich an Waten wandte.

56. Sie grüßt' ihn vor den andern. Es war ihr freilich leid, (341)
Daß sie ihn küssen sollte! Es war sein Bart so breit,
Die Haare waren durchwunden mit Borten schön und gut:
Sie lud zum sitzen Waten und auch den Dänen Frut.

57. Frau Hilde und ihre Tochter begannen ein scherzhaft Spiel. (343)
Sie fragten da den Alten, wie es ihm gefiel,
Bei schönen Frauen zu sitzen in des Hofes Pracht —
Oder ob ihm baß behage im weiten Feld die Schlacht?

58. Da sprach der alte Wate: ‚Drauf geb' ich euch Bescheid. (344)
Bei schönen Frauen zu sitzen ist wahrlich mir nicht leid,
Doch wär' mir eins noch lieber: daß ich mit guten Knechten
In einer grimmen Feldschlacht nach Herzenslust könnt' fechten.‘

59. Darüber mußte lachen das schöne Königskind. (345)
Sie merkte, nicht geheuer war's ihm bei Frauen lind.
Es hat der Scherz begonnen, ein zweiter folgt ihm nach;
Die edle Fürstin also zu ihren Gästen sprach:

60. ‚Sagt mir doch seinen Namen! Wie ist der Mann genannt? (346)
Dienen in der Ferne ihm Leute, Burg und Land?
Und ließ er in der Heimat ein Kind und hold Gemahl?
Ich glaub', er herzt die Seinen selten nur einmal!‘

53,2 Die höfische Sitte fordert, daß sich die Frauen zurückziehen,
sobald das Zechgelage beginnt.
53,4 Kemenate aus mittellateinischem caminata, ein mit einem
Kamin versehenes, also heizbares Zimmer.
54,3 Sie = die Frauen der Hilde.

61. Da sprach der Recken einer: ‚Kinder und ein Weib
Hat er in der Heimat. Sein Gut und seinen Leib
Setzt er an seine Ehre: er hat sich oft bewährt
Und war ein kühner Recke, so lang sein Leben währt.‘

62. Da sprach die hehre Fürstin: ‚Herr Wate, es ist mein Rat,
Da euch vom Dänenlande zu uns getragen hat
Des Meeres weite Straße, daß ihr hier bei uns bleibt:
Wer wär' hier so gewaltig, daß er euch von hinnen treibt?‘

63. Zur Antwort gab der Alte: ‚Hätt' ich Besitz und Land,
Dann schenkt' ich, wem ich wollte, Rosse und Gewand.
Soll ich für Lehen dienen? Das schüfe Not und Pein:
Ich möchte meinem Erbe kein Jahr lang fremde sein.‘

64. Der König bot den Gästen zu aller Zeit viel Gut;
Doch hegten diese Helden im Herzen solchen Mut,
Daß sie von keinem nahmen, und sei's nur eine Mark:
Des hatte Hagen Ärger — ein Schimpf wär's, schien er karg.

65. In Irland war es Sitte, daß man oft begann
Manche Art der Kurzweil: so kam es, daß gewann
Des Königs Freundschaft Wate, indessen Held Horant
Den Frauen zu Gefallen manch scherzend Wort erfand.

66. Herr Wate und Herr Frute, der kampfbereite Held,
Hatten schon des Lebens manch langes Jahr gezählt,
Jetzt sah ihr greis Gelock man in gold'nes Band gewunden;
Doch wo man Recken brauchte, sind sie bewährt gefunden.

67. Des Königs Ingesinde zu Hofe Schilde trug,
Buckel, starke Kolben; da ward geschirmt mit Fug,
Gefochten mit den Schwertern, der Gabilot geschossen
Mit Kraft auf feste Schilde: wer stünde da verdrossen?

68. Der König fragte Waten und die, so mit ihm da,
Ob in ihrem Lande man jemals fechten sah
Die Recken so gewaltig, wie in seinem Königreich.
Verächtlich lachte Wate, doch faßt' er sich sogleich.

---

63 Zu beachten ist der Gegensatz zwischen Erbe und Lehen.
67,2 Buckel = Schild; Kolbe = Keule, eigentlich eine Waffe der
Bauern; schirmen = parieren. 3 Gabilot, französisch javelot.

69. Es sprach der Held von Stürmen: ,Dergleichen sah ich nie. 358
Doch wenn mich's einer lehrte, so blieb' ich gerne hie
Ein volles Jahr im Lande. Lernt' aus dem Grund ich's kennen,
So würd' ich meinem Meister das Lehrgeld gerne gönnen.'

70. Da rief der wilde Hagen: ,Gebt mir ein Schwert zur Hand! 362
Kurzweil will ich treiben mit dem aus Stürmenland.
Vielleicht kann ich ihn lehren ein paar von meinen Hieben,
Daß mir's der Recke danke!' Der Alte war's zufrieden.

71. Es sprach der Gast zum König: ,Fahr' säuberlich mit mir! 363
Und schone meines Lebens. Nicht wär' es Ehre dir.
Und schlügest du mir Wunden, ich schämt' mich vor den Frauen.'
Der Alte kannte Finten, daß keiner ihm mocht' trauen.

72. Kaum wehret Hagen des sich, den er für kunstlos hält. (364)
Schon fing da an zu riechen wie nasses Holz, das schwelt,
Der Meister vor dem Schüler. Er fand ihn stark genug,
Doch auch der Wirt dem Gaste gewaltige Hiebe schlug.

73. Die Leute sahen's gerne, denn jeder hatte Kraft; 365
Und bald erkannte Hagen des Gegners Meisterschaft.
Fast focht er sich in Eifer — doch das verbot die Ehr':
Sie zeigten große Stärke, doch pries man Hagen mehr.

74. Wate sprach zum König: ,Fortan soll ernsthaft sein 366
Unser beider Fechten. Ich hab' der Hiebe dein
Nun ihrer vier begriffen, dafür will ich dir danken.'
Er zahlt's ihm später reichlich wie einem Sachsen oder Franken.

75. Zur Antwort gab ihm Hagen: ,Hätt' ich das gewußt, 370
Mir wär' zum Waffenspiele vergangen wohl die Lust.
Nie sah ich einen Schüler begreifen so geschwind!'
Ob seiner Rede lachte manch edler Mutter Kind.

76. Die Gäste durften treiben was ihnen just gefiel. 371
Man sah die edlen Recken eifrig bei frohem Spiel
Die Stunden sich verkürzen: groß war ihre Kraft.
Sie warfen schwere Steine und schossen mit dem Schaft.

72,2 Daß die Panzerringe beim Kampfe glühten, hebt die volks=
tümliche Dichtung oft genug hervor.
74,4 Bezeichnung wilder Völkerschaften: er machte nicht mehr Um=
stände mit ihm wie mit einem Wilden. Vgl. Waltharilied S. 29 Anm. 2.
76,4 erinnert an Gunthers Kampf mit Brunhild.

b) Wie süß Horant sang.

77. Es war an einem Abend,   da fügt's des Schicksals Zwang,   372
Daß vom Dänenlande   der kühne Degen sang   .
Mit herrlicher Stimme,   daß es wohl gefiel
Allen die es hörten: stumm ward der Vöglein Spiel.

78. Als er der Lieder dreie   gar zu Ende sang,   384
Da ward den kühnen Helden   die Stunde nimmer lang.
Sie hätten's nicht geachtet   gleich einer Spanne Zeit,
Wären sie dabei geritten   auch tausend Meilen weit.

79. Die Tiere in dem Walde   ließen die Weide stehn,   398
Die Schlangen, die da pflegten   durch das Gras zu gehn,
Die Fische, die da sollten   mit der Woge fließen,
Vergaßen ihre Sitte: der Kunst durft' er genießen.

80. Es sprach die schöne Hilde: ‚Was habe ich gehört?   374
Eine wunderbare Weise   hat mir das Ohr bethört.
Nicht meint' ich, daß auf Erden   man solche Kunst erfand,
Ich wollt', auch unsern Recken   wär' solcher Sang bekannt.

81. Da ließ ihn zu sich führen   das schöne Mägdelein —   391
Nicht wissen durft' es Hagen,   ganz heimlich mußt' es sein;
Auch ihrer Mutter durft' es   nimmer sein bekannt,
Daß man des Sanges Meister   in ihrer Kammer fand.

82. Sie hieß ihn niedersitzen.   ‚Laßt tönen meinem Ohr‘,   395
So sprach die edle Jungfrau,   ‚die Weise, die zuvor
Ihr sanget, edler Ritter;   danach sehnt sich mein Herz:
Hört einer eure Stimme,   vergißt er Not und Schmerz.‘

83. ‚Wenn ich euch singen dürfte,   schönes Königskind,   396
Und mir der grimme Hagen   nicht wär' drum bös' gesinnt,
Daß er das Haupt mir nähme   — wie gerne dient' ich euch:
Ach, wohntet ihr doch näher   bei meines Herren Reich!‘

84. Sie sprach: ‚Wer ist dein Herre?   Wie ist er genannt?   401
Trägt er eine Krone?   Beherrscht er wohl ein Land?
Schon dir zu Liebe bin ich   ihm huldreich und geneigt.‘
Da sprach der kühne Däne: ‚Kein Fürst ist, der ihm gleicht.‘

85. Er sprach: ‚Verrät uns keiner, schönes Mägdelein,   402
So sage ich dir gerne, warum der Herre mein
Uns Recken hat entsendet, seines Reiches Zier,
Zu deines Vaters Lande: die weite Fahrt galt dir.‘

86. Sie sprach: ‚Nun laß mich hören, was mir der Herre dein 403
Aus euerm Land entbietet; und willige ich drein,
So lasse ich dich’s wissen, eh’ Urlaub ihr begehrt.‘
Horant war bang vor Hagen. Wie war sein Herz beschwert!

87. Er sprach zu der Jungfrau: ‚So hör’, was er entbeut! 404
Es minnet dich sein Herze in Freude und in Leid,
Nun lohn’ ihm, holde Fürstin, mit deiner Lieb’ und Hand:
Auf dich vor andern Frauen hat er den Sinn gewandt.

88. Sie sprach: ‚Da so gesonnen dein lieber Herre ist,   407
So will ich hold ihm bleiben fortan zu jeder Frist;
Ich dank’ ihm, daß vor Sehnsucht nach mir sein Herz
                             ward weich.
Wagt’ ich’s vor meinem Vater, ich folgte euch sogleich.‘

89. Er sprach: ‚In diesen Tagen wollen wir von bannen ziehn. 409 (?)
An Hagen wagt die Bitte, — thut furchtlos es und kühn,
Er wird sie euch nicht weigern — er führ’ an Ufers Riff
Euch und die edle Fürstin und zeige euch das Schiff.‘

90. Der sangeskundige Degen eilt aus dem Haus zu gehn. 425 (?)
Der König ahnte nimmer was heimlich dort geschehn,
Als längst die Gäste ritten heimwärts schon an den Strand.
Es hatte seinem Herren treulich gedient Horant.

91. Er that auch heimlich Waten die gute Märe kund,   426 (?)
Daß die Königstochter liebte von Herzens Grund
Den edlen König Hetel im Lande Hegelingen.
Die Helden pflogen Rates, wie man sie heim mocht’ bringen.

92. Gefährlich stand die Sache; man hehlte sie jedermann. 428 (?)
Die Heimfahrt ward gerüstet, man fing es heimlich an.
Wie freuten sich die Degen, gedrängt in Schiffes Grund!
Es hatte oft die Muße beklagt indes ihr Mund.

92,3 S. oben 46,2.

93. Es war am vierten Morgen,   als man zu Hofe ritt.   430
Nagelneue Kleider   nach dem feinsten Schnitt
Trugen da die Gäste: sie wollten nun von dannen.
Vom König nahm man Urlaub   und allen seinen Mannen.

94. Herr Hagen sprach befremdet: ‚Warum räumt ihr mein Land?   431
Ich hatte all' mein Sinnen   mit Fleiß darauf gewandt,
Wie ich euch Freude schüfe   in meinem Königreich;
Nun wollt ihr heimwärts ziehen,   das sieht nicht Freunden
gleich.'

95. Und weiter sprach der König: ‚Ich bin euch wahrlich hold.   433
Nun nehmt aus meinen Händen   Edelstein und Gold,
Rosse und Gewande;   was ihr gabt sei vergolten!
Es sei der König Hagen   von keinem karg gescholten!'

96. Doch Wate drauf der alte: ‚König Hagen wert,   435
Nach anderer Ehre   unser Herz begehrt.
Besehet unsere Schiffe,   schaut unsern Vorrat an:
Drei Jahre reicht die Speise   an Bord für Roß und Mann.

97. Eure Königin, Frau Hilde,   und eure Tochter hehr   437
Sollen die Waaren schauen,   das giebt uns allen Ehr'.
Erfüllt uns diese Bitte,   wenn ihr uns liebt und schätzt,
Der Besuch auf unsern Schiffen   die reichste Gab' ersetzt.

98. Der Wirt sprach zu den Gästen   mit Huld und Freund=   438
lichkeit:
‚Da ihr zur Fahrt entschlossen,   so bin ich gern bereit
Und heiße morgen frühe   satteln für die Frauen;
Ich komme mit Frau Hilde   die Schiffe anzuschauen.'

99. An dem nächsten Morgen   nach der Frühmess' Zeit   440
Gab es unter Frauen   und Mädchen heißen Streit,
Als sie die Kleider wählten   zum Ritt an Meeresstrand.
Mit ihnen ritten tausend   Recken aus Irland.

100. Schnell ging's hinab zum Ufer;   da ragt' ein Mastenwald.   442
Sie huben von den Rossen   die edle Fürstin bald.
Man führte auf die Schiffe   die minniglichen Frauen.
Die Buden standen offen: da konnt' man Wunder schauen!

101. Herr Hagen prüfte selber, was ausgebreitet war.   443
     Von hohem Wert erblickt' er manch Kleinod licht und klar.
     Der Fürst mit seinen Helden nahm alles in Augenschein,
     Den edlen Frauen bot man von Gold manch Ringelein.

102. Ob einer darob zürnte, galt Waten völlig gleich;   445
     Ihn kümmert's nicht, was wurde aus all den Waren reich.
     Die alte Königin Hilde trennte man von der Maid:
     Auf sprangen die Verborgnen: das war dem König Leid.

103. Auf zogen sie die Segel: staunend sah man das.   446
     Über Bord sie viele stießen und mancher wurde naß;
     Sie tauchten wie die Vögel, eh' ihre Not zu Ende:
     Es rang die edle Fürstin in herbem Weh die Hände.

104. Als der wilde Hagen die Waffen blitzen sah,   447
     Wie wütete im Grimme der edle Recke da!
     ,Nun bringt mir her zur Stelle meinen starken Ger!
     Tritt einer mir zu nahe, der sieht das Licht nicht mehr!‹

105. Recht höfisch rief da Morung: ,Nur übereilt euch nicht, 448
     Wenn ihr, den Raub zu rächen, uns nachdrängt hart und dicht.
     Und kämen unter Waffen auch tausend Helden gut,
     Wir tauchen sie und betten sie kühl in Meeresflut.‘

106. Da waren Hagens Recken fürwahr wohl auf dem Plan. 449
     Der Strand erglänzte in Waffen, nun hub ein Kämpfen an!
     Die Schwerter sind gezogen, man schießt manch guten Speer,
     Der Feind wirft sich aufs Ruder — kein Schiff am Ufer mehr.

100,2 Gemeint ist ,die alte Königin, d. h. samt ihrem Gefolge, das
nicht mit genannt ist, aber von dem Hörer des 13. Jahrhunderts von
selbst sofort mit gedacht wurde. Umgekehrt ist 101,4 die junge Königin
(= Prinzessin) nicht mit genannt und doch wesentlich gemeint; genannt
sind nur die megede, d. i. eigentlich das Gefolge der königlichen Jung=
frau, sie selbst aber ebenso unfehlbar gleich mit gedacht vom Dichter und
seiner Zeit. Diese Art von Fürsten und Herren zu denken und zu reden
muß der heutige Leser mit aller Schärfe wiedergewinnen, wenn er nicht
fortwährend empfindlichen Mißverständnissen ausgesetzt sein, d. h. zugleich
der alten Dichtung grammatisch, ästhetisch und anderweit schweres Unrecht
thun will.‘ (R. Hildebrand.)
103,3 Sie waren bald oberhalb, bald unterhalb des Wasserspiegels.
105 Morung von Nifland oder Friesland ist ein Vasall Hetels.
Er hat Str. 8 seinem Herrn den Vorschlag gemacht, um Hilde zu wer=
ben; später begleitet er Wate nach Irland.

107. Wate war verwegen. Vom Gestad' er sprang
In der Galeeren eine, daß seine Brünne klang.
Mit funfzig Helden drang er nach Hilden durch die Flut:
Die stolzen Irländer tobten vor Kampfesmut.

108. Da kam der Degen Hagen. Er ging im Waffenschmuck
Und führt' ein Schwert, ein scharfes, auch war es schwer
Bald hätte sich da Wate versäumet allzu sehr. [genug.
Er war ein grimmer Recke: hoch trug er seinen Ger.

109. Bald" hatte er gewonnen zum Streit ein mächtig Heer.
Doch konnt' ihnen nicht folgen er auf das wilde Meer:
Leck waren seine Schiffe und übel nur imstand.
Man sagte an dem König, wie schlecht sei Kiel und Rand.

110. Da kannte sich im Zorne der edle König kaum.
Werkleute ließ man kommen, und an des Meeres Saum
Hat nagelneue Schiffe zur Seefahrt man gestellt.
Es kam herbeigeritten manch schmucker Kriegesheld.

Erst am siebenten Tage vermag Hagen den Feinden nachzuziehen;
aber in seinem Gefolge befinden sich dreißigtausend Recken. Durch Boten
hat Hetel indessen die Nachricht von Hildes Ankunft erhalten, und hoch
erfreut eilt er mit seinen Helden der Kommenden entgegen. Zu Waleis
geht Wate mit den Seinigen ans Land; sie lagern am Gestade und erwarten Hetel. Dankbar grüßt und küßt der König Wate und Frute,
die Greise; sie führen ihn zu der schönen Hilde; mit Umarmung und
Kuß begrüßt er die junge Königin.

111. Der Tag geht nun zu Rüste. Da sieht von Dänenland
Horant der Kühne — wohl ist es ihm bekannt —
Ein Schiff mit vollen Segeln und manchem Wappenbild:
Es ahnen Wates Streiter, wem diese Seefahrt gilt.

112. Hetel erfuhr die Kunde, daß von Irland her
Sein Schwäher kam gefahren über das wilde Meer
Auf mächtigen Galeeren, und vielen Kocken breit.
Er fragte Wate und Frute, ob man zum Kampf bereit.

107,2 Galeere (statt des älteren dreisilbigen Galee), ein lang gebautes Ruderschiff; 112,3 Kocke, ein breit gebautes Lastschiff.
108,4 Er = Hagen, die Hauptperson der Strophe. Z. 3 steht
Wate, der Name des Führers für die Gesamtheit seiner Streiter. ,Wate
hätte mit seinen Anordnungen ,seiner Leitung beinahe den rechten Augen-
blick versäumt, wo man noch ohne allgemeinen Kampf die Hilde davon-
bringen konnte' (Hildebrand).

113. Es hörte auch schön Hilde bie Mähr', bie keinem frommt. (491)
 Wie war sie milb unb ebel! Sie sprach: ‚Mein Vater kommt
 Her an bies Gestade! Mit seinen Händen rauh
 Schafft er viel Weh unb Kummer mir unb manch anbrer
 Frau.‘

114. Es weinten ba unb klagten bie schönen Jungfrauen all. (493)
 Die Schiffe schwankten heftig; es hatt' burch Wogenschwall
 Gen Walcis sie getragen von West ein starker Winb.
 Aufs blutige Gefilbe sank mancher Mutter Kinb.

115. Da rüsteten zum Streite alle bie zum Stranb   495
 Mit Hilde waren kommen unb aus Irlanb
 Die Maib entführet hatten bem Könige zu Leib.
 Viel mancher stanb gesunb noch, bem schon ber Tob bereit.

116. Da rief mit lauter Stimme Hetel bie Helben an: (496)
 ‚Nun wehrt euch, schnelle Degen! Wer niemals Golb gewann,
 Dem heiße ich es messen, ohne zählen, ohne wägen:
 Das sollt ihr nicht vergessen: nun König Hagen entgegen!‘

117. Der war inbes gekommen zu ihnen an ben Sanb.   498
 Da warb manch Speer verschossen von starker Helbenhanb.
 Die auf bem Ufer stanben, erwählten sich zum Ziel
 Von Irlanb bie Helben: ba sah man Wunber viel!

118. Wie schnell ber grimme Hagen ba in bie Meerflut sprang! 503
 Watenb aus Gestabe ber kühne Degen brang.
 Da sah man auf ben Necken wie Schneeflocken bicht
 Die scharfen Pfeile fliegen: bie Mannen säumten nicht.

119. Balb hatten auch bie Scharen gestellt sich beiberseit: 513
 Die Feinde unb bie Freunde: gewaltig brauste ber Streit.
 Hagen unb Wate suchten sich mit wilbem Blick.
 Wer ihren Weg nicht kreuzte pries heimlich wohl sein Glück.

114,1 Hinweise auf bas kommenbe Geschick bes ober ber Helben
gehören zum Stile bes Volksepos. Sie finben sich meist in ber vierten
Zeile ber Strophe. Vgl. 193.

116 Reim ber ersten Halbzeilen gilt als Kennzeichen jüngerer
Strophen.

120. Dem König brach die Stange   die er im Streite trug
     An Wates festem Schilde,   der war stark genug.
     Wer konnte besser fechten   in allen Erdenreichen?
     Hagen und Wate wollten   vor einander nicht entweichen.

121. Da schlug er durch die Haube   König Hetels Mann,
     Wate den vielkühnen,   daß aus dem Helme rann
     Das Blut von tiefer Wunde.   Schon kühlten sich die Winde.
     Es war die Abendstunde.   Rings stritt das Ingesinde.

122. Manch blutiger Tropfen   auf Wates Panzer lag.
     Drum vergalt er zornigen Mutes   des Schwertes grimmen
                                                    Schlag.
     Er schlug den wilden Hagen,   daß ob des Helmes Stahl
     Auf leuchtete die Waffe: ihm schwand der Sonne Strahl.

123. Hilde die schöne   stand in trübem Mut.
     Da sah sie König Hetel;   sie bat den Degen gut,
     Den Vater zu erlösen   aus Wates Übermacht.
     Der König, ihr zu dienen,   führt schnell das Volk zur Schlacht.

124. Der edle König Hetel   bewährte sich im Streit.
     Er trat zum alten Wate;   dem schuf er bittres Leid.
     An rief er König Hagen: ,Um eure eigne Ehr',
     Der Feindschaft macht ein Ende,   daß keiner sterbe mehr.'

125. Hagen fragte wieder —   vor Zorn kocht' ihm das Blut:
     Wer ihm das geböte?   Darauf der Degen gut:
     ,Ich bin es, König Hetel   von Hegelingen Land,
     Der seine lieben Freunde   nach Hilden ausgesandt.'

126. Und zwischen beide sprang er,   wie noch einer pflegt,
     Der Streit zu scheiden eilet.   Wate stand erregt
     Von argem Zornesmute,   langsam wich seine Schar.
     Auch Hagen trat zurücke,   und das Gefild ward klar.

120,1 eine Gerstange ist gemeint.   Es ist die Waffe der alten
Recken und Riesen; die entsprechende Waffe im höfischen Epos ist der
Speer.

121,1 Eine Haube (hersenier) trug man unter dem Helm; sie
war von Leder oder gefüttertem Linnen.

127. Es nahm den Helm vom Haupte   Hetel, der kühne Held. 526
Friede hörte man rufen   über das weite Feld.
Auch Hildes Vater wollte,   daß aus sei Krieg und Mord;
Die Jungfrauen hörten gerne   des Königs lautes Wort.

128. Es warfen ab die Waffen,   die eben noch im Streit.   (527)
Sie freuten sich der Ruhe.   Manchem schuf auch Leid
Seine tiefe Wunde,   sie ward ihm in der Schlacht —
Und mancher hat da nimmer   der Wunden mehr gedacht.

129. Hetel sandte Boten   hin zu Wates Schar.   (529)
Er wußte, daß der Recke   wohl erfahren war
In der Kunst der Ärzte   (ihn lehrt' ein wildes Weib):
So konnt' er manchem Helden   heilen den wunden Leib.

130. Schon hatt' er sich entwaffnet,   schon trug er selbst Verband. (530)
Nun nahm er ein bewährtes   Wundkraut in die Hand,
Auch hielt er eine Büchse,   es war ein Pflaster drin:
Es fiel ihm drob zu Füßen   die schöne Königin.

131. Die edle Jungfrau klagte: ,Dürft' ich doch zu ihm gehn! 534
Doch ist durch mich des Bösen   so viel dem Vater geschehn,
Daß ich nicht zu grüßen wage,   der mir der nächste ist:
Ich mein', er und die Seinen   hielten's für Trug und List.'

132. Horant vom Dänenlande   führte sie an der Hand,   537
Er und der Degen Frute,   dahin, wo Hagen stand.
Nur eine Jungfrau folgte.   Die Wunde wollte sie schauen,
Die der starke Wate   dem Vater jüngst gehauen.

133. Hagen sprang vom Sitze,   als er kommen sah   538
Sie und die schöne Hildburg.   Laut rief der König da:
,Willkommen, Tochter Hilde,   edle Königin,
Ich kann es nicht verschweigen,   es ist dir hold mein Sinn.'

127,1 Zum Zeichen, daß er den Kampf nicht fortsetzen will. Als
andrerseits Hagen von Tronje im Heunenlande erkennt, daß den Burgun=
den ein heißer Kampf bevorsteht, heißt es: den helm er vaster gebant.
129,3 Daß Wates Kunst nicht menschlichen Ursprung hat, erklärt
ihre erstaunliche Wirkung. Die Frauen, welche in Hartmanns Iwein
den Helden von der Hirnsucht befreien, bewerkstelligen dies durch eine
Salbe, die sie von der Fei Morgan erhalten haben; auch hier ist die
Wirkung unmittelbar.
133,2 Hildburg von Portugal, die einzige Begleiterin der Hilde.

3*

134. Nicht wollt' er seine Wunden   die Frauen lassen sehn.
Sie wurden ihm verbunden.   Er hieß zurücke gehn
Die beiden edlen Maide;   Wate hatte Eil', —
Ihn trieben Hildes Thränen —   daß Hagen wurde heil.

135. Auch heilt' er König Hetel   von Hegelingenland,
Nach ihm die andern alle,   so viel man ihrer fand:
Und lagen auf dem Felde   sie auch zum Tode wund,
Mit seinen Arzeneien   macht' er sie bald gesund.

136. Die Frauen freute wenig   das blutgetränkte Feld.
Zu Hilde sprach drum Hagen,   der königliche Held:
‚Wo anders laß uns weilen,   bis man von dannen trug,
Die guten Recken, denen   die letzte Stunde schlug.'

137. Hetel lud da Hagen   mit sich in sein Land.
Zögernd versprach's der König;   ihm wurde wohl bekannt,
Wie reich war König Hetel   an Gut und an Gewalt.
Mit seiner Tochter zog er   gen Hegelingen bald.

138. Die jungen Helden huben   ein Lied zu singen an.
Die lebten, konnten jubeln!   Es blieben auf dem Plan
An Reichen und an Armen   dreihundert Recken tot:
Von scharfen Schwertern litten   sie bittre Todesnot.

139. Hilde fuhr mit Hetel   heim in das Königreich.
(Es weinte manche Waise.)   Da schuf sie alsogleich
Sich freundliches Behagen.   Es hieß der König hehr
Sie mit der Krone schmücken   dem Land zu Ruhm und Ehr'.

140. Es war ihm wohl gelungen,   wie er es einst begehrt.
Die Alten und die Jungen   trugen da das Schwert.
So thaten bei dem König   der Gäste auch genug:
Hildes Hochzeit lobte   Hagen mit Recht und Fug.

138,1 Gesungen wird, wenn das Heer in die Schlacht zieht. So Taillefer bei Hastings; die Franken im Ludwigsleich: Der König ritt kühn, sang ein Lied herrlich, und alle zusammen sangen: Kyrie leison. Sang war gesungen, Kampf war begonnen u. s. w. Unten Str. 218. Nach der Entscheidung wird ein Siegeslied angestimmt. — 3 Reich und Arm, wie 140,2 Alte und Junge eine Bezeichnung der Gesamtheit.

140,2 nicht klar. Da von der mit dem Hochzeitsfeste verbundenen Schwertleite später die Rede ist, muß hier etwas anderes gemeint sein. Man hat an einen feierlichen Aufzug gedacht.

141. Als nun die schöne Hilde   saß in dem Stuhl der Braut (549)
Mit vielen hohen Ehren,   da ward die Kunde laut,
Daß Waffen nehmen sollten   fünfhundert Ritter stark:
Als Kämmrer mußte dienen   Frute von Dänemark.

142. Wie reich sein Eidam wäre,   ward Hagen offenbar.   (550)
Längst hatte er vernommen   von König Hetels Schar,
Daß er ob sieben Landen   als Herr und Fürst gebeut.
Zur Herberg' fuhren Arme   durch Gaben hoch erfreut.

143. Es gab der König Hetel   den Gästen aus Irland   (551)
Rotes Gold und Rosse,   Silber und Gewand.
Sie konnten aus dem Lande   des Guts nicht führen mehr:
So gewann er sie zu Freunden,   und Hilde schuf es Ehr'.

144. An dem zwölften Morgen   räumten sie das Land.   (552)
Die starken Dänenrosse   führte man auf den Sand;
Die Mähne sah man fließen   bis auf den Huf zuthal:
Den König Hetel priesen   die fremden Gäste all.

145. Hagen küßte Hilde   und grüßte den König hehr.   (559)
Er und sein Gesinde   sahen nimmermehr
Das Land der Hegelinge.   Sie wohnten allzu fern.
Nach Baljan trug ein Meerschiff   den königlichen Herrn.

146. Und als er in der Heimat   saß bei Frau Hilden froh,   560
Der Königin schön und edel,   da sprach Herr Hagen so:
‚Es könnt' um unsre Tochter   nicht besser sein bewandt;
Hätt' ich noch mehr, ich schickte   alle in Hetels Land.'

Nun wird berichtet, wie auch Wate, Horant und Morung in ihre
Heimat zurückkehren. Fröhlich lebt König Hetel mit seinem Weibe; sieg=
reich ist er im Kriege, und weise waltet er im Frieden. Hilde schenkt ihm
zwei Kinder.

141,4 Des Kämmerers geschieht besondere Erwähnung, da ihm die
Sorge für die Kleidung der Knappen obliegt, die jetzt Ritter werden.
Als im Nibelungenliede Siegfried Ritter wird, sollen vierhundert Degen
mit ihm tragen Kleid.'
142,4 Die Spielleute vergessen nicht bei solchen Schilderungen der
Wohltaten zu gedenken, die ihre Standesgenossen erhielten.
144,3 Auf Länge der Mähne legte man Wert.
145,2 sint heißt Weg; Gesinde bedeutet daher zunächst die zugleich
desselben Weges Ziehenden, das Gefolge.

147. Das eine war ein Knabe, geheißen Ortwein.
Der Vater gab ihn Waten, der sollte sein Meister sein,
Daß er auf hohe Tugend wandte seinen Sinn.
`Man lehrt' ihn in der Jugend, er ward ein Degen kühn.

148. Der schönen Königstochter man den Namen fand,
Kudrun die schöne von Hegelingenland.
Nach Dänemark er sie sandte zu nah verwandtem Mann,
Der durch die Zucht des Kindes des Königs Lob gewann.

149. Bald war die Maid erwachsen, daß sie wohl trüge Schwert
Wenn sie ein Knabe wäre. Ihre Hand begehrt
Und ihre edle Minne manch reicher Königssohn,
Doch trug es ihren Freiern nur Schaden ein und Hohn.

150. Es war die Königin Hilde herrlich fürwahr und schön;
Und doch war noch viel schöner Kudrun anzusehn.
Auch glich ihr nicht Frau Hilde, die Ahne aus Irland.
Vor allen andern Frauen ward Kudrun schön genannt.

Hetel versagt seine Tochter allen Freiern. Auch Siegfried von
Morland*), ein König gewaltig über sieben Könige, wird abgewiesen;
er schwört, dafür an Hetel und seinem Lande Rache zu nehmen.

---

147 Königskinder wurden bewährten Vasallen zur Erziehung anvertraut. ‚Der Hauptgrund dieser Erziehung außerhalb des eigenen
Hauses liegt in dem Wunsche der Eltern, dem Kinde eine strengere und
bessere Zucht zuzuwenden, als sie selbst gegeben hätten; bei Reicheren
auch in dem Verlangen, es an einfachere Verhältnisse zu gewöhnen.
Deshalb wurden auch arme und selbst unfreie Kinder mit reichen zusammen erzogen.‘ (Weinhold.) Man denke an Fridthjof und Ingebjorg.

147,3 Tugend = feine Sitte und Waffenfertigkeit.

148,2 Kudrun ist die richtige oberdeutsche Form, doch machte schon
im 11. Jahrhundert anlautendes k vielfach dem ursprünglichen g Platz.

*) Man deutet es auf Maurungania, das Land östlich der Elbe.
Der Name wurde mißverstanden, und Siegfried mußte es sich gefallen
lassen, ‚schwarz an seinem Leibe‘ zu sein.

III. Kudrun.

a) Wie Hartmut um Kudrun warb.

151. Da hörte man erzählen   in Ormanieland,   587
Daß niemand schöner wäre —   bald war es allbekannt —
Als Hetels edle Tochter,   Kudrun, die Königin:
Hartmut hieß ein König;   der lenkt' auf sie den Sinn.

152. Gerlinde, seine Mutter,   gab ihm diesen Rat.   588
Er folgte ihrer Lehre,   bedachte klug die That.
Sein Vater, König Ludwig,   herrschte in Normandie:
Auch ihn zog man zu Rate,   auf daß der Plan gedieh.

153. ‚Wer sagt euch denn‘, sprach Ludwig, ‚daß sie so schön und hehr? 590
Und wenn sie aller Länder   gewaltige Herrin wär‘,
Nicht möglich wär‘ die Werbung,   sie wohnet uns zu weit;
Die Boten müßten verderben   in dieser langen Zeit.‘

154. ‚Wie wäre es zu ferne‘,   warf da Hartmut ein,   (591)
‚Wenn eines Landes Herre   willens ist zu frei‘n
Um eine edle Jungfrau,   schön und aus reichem Haus?
Nun folget meinem Rate   und sendet Boten aus!‘

155. Und abermals sprach Ludwig: ‚Ist euch auch bekannt,   (593)
Wie ihre Mutter Hilde   man führte aus Irland,
Wie es des Königs Boten   auf ihrer Fahrt erging?
Das Volk ist übermütig,   es achtet uns gering.‘

151,1 Nebeneinander erscheinen im Liede Ormanieland und Normandie, Normandieland u. a. — 4 König = Königssohn.
155,4 Ähnlich äußert sich König Siegmund, als Siegfried um Kriemhild werben will.

156. Zur Antwort gab ihm Hartmut: ‚Wenn ich ein mächtig Heer
Um Kudrun führen müßte über Land und Meer,
Ich thäte es mit Freuden! Und so bin ich gesinnt:
Nichts hält mich ab zu werben um Hildes schönes Kind.‘

157. Da sprach die alte Gerlind von Ormanieland:
‚So heißet Briefe schreiben! Gold und reich Gewand
Geb' ich den Boten gerne, wie es sich gebührt.
Man lehre sie die Straße, die sie zu Kudrun führt!‘

158. Seiner Mannen sechzig, die besten, die er fand,
Sandte König Hartmut gen Hegelingenland.
Sie wurden ausgerüstet mit Kost und schmucker Wat:
So fügt' es König Ludwig, der wußte klugen Rat.

159. Da sie versehen waren mit allem, was da not,
Versiegelt' man die Briefe. Zu sich sie entbot
Hartmut, der schnelle, und die Königin Gerlind:
Sie sandten in die Fremde ein stolzes Ingesind.

160. Sie ritten was sie konnten den Tag und manche Nacht,
Bis sie die schnellen Rosse ans ferne Ziel gebracht.
Es war von Ormanie wohl hundert Tage weit.
In Hartmuts Sinne mischte sich Freud' indes und Leid.

161. Als man in Hetels Lande die Fremden hat erblickt,
Da staunte mancher Degen: sie waren reich geschmückt!
Nur selten ward erfunden an Boten solche Pracht.
Bald war zu Hof dem König die Kunde hinterbracht.

162. Es rief der edle Hetel: ‚Um euch steht es nicht gut,
Daß euch her hat gesendet der König Hartmut.
Ihr sollt es mir entgelten, gute Boten wert!
Mich und Frau Hilde ärgert, was euer Herr begehrt.‘

163. Das Wort war leid den Boten. Nun mußten sie in Schmach
Zurück die Meilen reiten ohn' Ruhe und Gemach.
In schweren Sorgen kehrten die Recken heimatwärts.
Es schwellten Zorn und Kummer der beiden Könige Herz.

159,4 vgl. zu 145,2.
163,4 Ludwig und Hartmut sind gemeint.

164. Da sprach der junge Hartmut: ‚Berichtet mir geschwind, (614)
Habt ihr mit eignen Augen geschaut des Königs Kind?
Ist Kudrun denn so herrlich, wie jedermann sie preist?
Gott möge Hetel schänden, der grimmen Haß mir weist.‘

165. Zur Antwort gab ein Bote: ‚Das künde ich dir wohl. (615)
Wer schaut die minnigliche, des Herz ist Freuden voll.
Ihre Tugend wird erhoben vor allen Frauen auf Erden.‘
Da rief der junge Hartmut: ‚Sie muß die meine werden!‘

---

b) Wie Herwig mit Heeresmacht kam und Kudrun erhielt.

166. Nun fragen wir nicht weiter, was ihm riet das Herz. 630
Herwig, den kühnen, beseelt der gleiche Schmerz:
Zu Kudrun, der reichen, ihn süße Sehnsucht zwang.
Es half ihm seine Sippe, daß er die Maid errang.

167. Er war Hetels Nachbar, nicht weit ab lag sein Land. 631
Doch hätt’ er hundert Male des Tags dahin gesandt,
Er hätte stets gefunden Verachtung nur und Hohn.
Sie wehrten ihm zu werben, doch fand er reichen Lohn.

168. Es bat ihn König Hetel: ‚Werbt nicht mehr um mein Kind!‘ 632
Darob war ihm Herr Herwig nur feindlicher gesinnt.
Er wollte den Nachbar grüßen mit manchem guten Schilde,
Daß es sei Schmach und Schaden ihm und der Königin Hilde.

169. Wer weiß, wer’s ihm geraten! Dreitausend Männer kühn — 633
Es waren seine Freunde — sah man da zu ihm ziehn.
Im Hegelingenlande fing drum zu trauern an,
Die er so gern mit Liebe sich machte unterthan.

168,3 Der Schild ist das Symbol des Krieges. Unter dem Schilde
= im Kampfe 214,2.
169,4 die er in sin dienest mit aller hande liebe wolde bringen:
die Frau ist dem Gatten unterthan, er ihr Herr. Nicht das Weib hat
über sich zu verfügen, sondern der Vertreter des Hauses, dem sie angehört, also zunächst der Vater. Der Gatte fordert sie von ihm; er löst
sie durch Brautkauf aus dem Schutzverhältnis ihrer Familie und erwirbt
sich und der seinigen die Mundschaft über sie.

170. Als noch die Helden schliefen   in König Hetels Saal,
Hört' man den Wächter rufen   von dem Turm zuthal:
‚Wohl auf, ihr trägen Schläfer,   hier naht manch frember Gast.
Nun waffnet euch, ich sehe   viel lichter Helme Glast.'

171. Sie sprangen von den Betten   und ruhten nun nicht .mehr.
Wer in dem Saale gewesen,   niedrig oder hehr,
Gedachte seiner Pflichten   und war bald kampfbereit:
Es holte heim Herr Herwig   sein Weib in hartem Streit!

172. Ins Fenster trat der König   und mit ihm Frau Hild':
Es führt' der kühne Herwig   ein Volk in das Gefild,
Das in dem Lande Galeis   vor dem Gebirge saß:
In Waleis, seiner Mark,   sich Morung mit ihm oft maß.

173. Hetel sah sie drängen   gewaltig an das Thor.
Nicht lieb wär's ihm gewesen,   stände er davor,
So kühn er auch gefochten   schon in mancher Schlacht.
Den fremden Gästen grollt' er.   Die Seinen hielten Wacht.

174. Es waffneten sich eilig   einhundert oder mehr.
Der Wirt blieb nicht zurücke: auf nahm er Schild und Speer.
Kühn waren seine Mannen,   doch half ihm das nicht viel.
Es brachte Not und Schaden   dem Lande Herwigs Spiel.

175. Hetel und Herwig,   die beiden Ritter gut,
Sprangen aus den Reihen,   daß die rote Glut
Lohte aus den Spangen,   die sie trugen in der Hand:
Bald war des Gegners Stärke   jedwedem wohl bekannt.

172,1 Da die Mauern sehr stark waren, entstanden tiefe Fenster=
nischen. Hierhin begiebt man sich, um zu überblicken, was vor der Burg
geschieht. Als Siegfried in Worms ankommt, wird Hagen gebeten, über
den Fremdling Auskunft zu geben.

85. ‚Das will ich,' sprach Herr Hagen.   Zum Fenster trat er drauf
Und ließ die Augen schweifen   zu den Fremden ab und auf.

172,2—4 Ein überaus störender, überflüssiger Zusatz.

174,2 Als Wirt — im Gegensatze zum Gast — wird der Herr
einer Burg, eines Landes bezeichnet.

175,2 Der Erzähler läßt einen Gedanken unausgesprochen. —
3 Die Spangen am Schilde sind gemeint; das bekundet die zweite Hälfte
des Verses, die kein müßiger Zusatz ist.

176. Und als der König Hetel   Herwigs Kühnheit sah,   (643)
Seines stolzen Feindes,   im Streite rief er da:
,Die mir es widerrieten,   des Recken Freund zu sein,
Die lernten ihn nicht kennen.   Er schlägt gar wacker drein!'

177. Oft hieb aus festen Helmen   den feuerheißen Wind   644
Herwig, der kühne Degen.   Das sah des Wirtes Kind,
Kudrun, die schöne.   Welch' eine Augenweid'!
Er schien ein wackrer Kämpe: bald war's ihr lieb, bald leid.

178. Das Glück ist unbeständig   und rollt gleich einem Ball.   649
Als Kudrun sah das Drängen,   vernahm der Waffen Schall,
Vermocht' sie nicht zu wünschen   Einem des Kampfs Gewinn:
Dem Vater und dem Fremden   trug sie gleich holden Sinn.

179. Die Maid begann zu rufen   durch den weiten Saal: 650
,Hetel, lieber Vater,   seht, wie das Blut zuthal
Durch Halsberge rinnet,   besprengt die weiße Wand!
Es sind uns schlimme Gäste   gekommen in das Land.

180. Wenn ich euch lieb bin,   schaffet   dem heißen Streite Ruh'.   651
Die Waffen sollen feiern,   und Seel' und Leib dazu.
Dann aber fragt euch beide   des Königs Hetel Kind,
Wer wohl des Fürsten Herwig   hochedle Sippen sind?'

181. Da sprach der edle Ritter: ,Nein, das soll nicht geschehn!   652
Sei's denn, daß ohne Waffen   ihr mich laßt zu euch gehn.
Dann will ich euch verkünden,   wer meine Sippen wert;
Seid gnädig meiner Bitte,   ich thu', was ihr begehrt.'

178,1 Die alte Vorstellung von der Fortuna, die auf einer Kugel
dahinrollt, ist auch dem Dichter geläufig, doch überträgt er sie hier ohne
weiteres auf den schnellen Umschwung der Gesinnung seiner Heldin.

179,1 Aus dem Andrang der Feinde gegen das Thor (173) hat
sich ein Kampf an dieser Stelle entwickelt, als Hetel die Abwehr ver=
suchte (174). Hier, am Eingange des Saales, an dessen anderem Ende
Kudrun sich befindet, fand auch der Zweikampf der Führer statt.

180,4 Auf die Standesgleichheit des Bewerbers und auf seine Familie
wird von Eltern und Jungfrauen starkes Gewicht gelegt. ,Wer hätte
nicht die Schutzbefohlene am liebsten an einen Mann aus bedeutendem
Geschlechte, oder dem sich viele freundlich verbunden wiesen, gegeben?'
(Weinhold.)

182. So schied die schöne Fürstin   der Männer heißen Streit.
Die kampfesmüden Recken   warfen ab ihr Waffenkleid,
Sie wuschen sich am Quelle   vom Harnischrahme rein:
Man gönnte den schmucken Helden   Leben und Sonnenschein.

183. Erlaubnis heischte Herwig   zu werben um die Maid.
Es war ein kühner Degen.   Er fand dazu bereit
Hetel und Frau Hilde;   von beiden ward gefragt,
Ob ihrer schönen Tochter   die Werbung auch behagt.

184. Mit hundert seiner Helden   trat vor die Fürstin hin
Herwig, der edle Recke;   noch schwankt' der Jungfrau Sinn.
Kudrun empfing ihn höflich   inmitten ihrer Frauen.
Noch wagte nicht Held Herwig,   dem Glücke zu vertrauen.

185. Bald aber ward er inne,   wie es um ihr Herz bewandt,
Als vor der schönen Jungfrau   der edle Degen stand,
Wie von des Meisters Händen   im Umriß dargestellt
An einer weißen Mauer: einem Bilde glich der Held.

186. ‚Wenn ihr mich minnen wolltet,   Jungfrau schön und hehr,
Mit allen meinen Kräften   erfüllt' ich euer Begehr.
Euch dienten meine Burgen,   mein Land, der Sippen Schar:
Sie thäten's unverdrossen,   getreulich immerdar.

187. Sie sprach: ‚Ich künd' es gerne,   daß ich euch hold gesinnt.
Du hast mit Waffenthaten   es heut' um mich verdient,
Daß ich den Haß will scheiden,   der uns so lang entzweit.
Es soll mich keiner hindern: dein bin ich alle Zeit.‘

188. Er sprach darauf zu Kudrun: ‚Man sagte mir einst an,
(Vielleicht hat heut beim Kampfe   es euch schon Leid gethan)
Daß ihr mich stolz verachtet,   weil arm nur mein Geschlecht;
Oft schafft dem Reichen Wonne   auch ein geringer Knecht.‘

182,3 Schmutz, der sich unter dem Panzer absetzt.
185,3 Nachahmung von Nib. 285:
> Da stand der Minnigliche,   der Held von Niederland,
> Als hätt' ihn eines Meisters   kunstgeübte Hand
> Auf Pergament entworfen: man mußte wohl gestehn,
> Daß also stolzen Helden   man in der Welt noch nie gesehn.
> (Legerlotz.)

Während der Dichter der Nib. seinen Vergleich an die Miniatur=
malerei knüpft, denkt der Dichter der vorliegenden Strophe an ein Wand=
gemälde. Vgl. unser ‚bildschön.‘

189. Sie sprach: ‚Wo sind wol Frauen, die verachtungsvoll 657
Sähen auf den Helden, der ihnen dienet wohl?
Drum glaubet mir‘, sprach Kudrun, ‚ich konnt’ euch nie
verschmähen,
Denn keine war euch holder, so viel ihr auch gesehen.

190. Und würden mir’s vergönnen die lieben Freunde mein, 658
So wollt’ ich, wie ihr’s wünschet, euer eigen sein.‘
Mit lieben Blicken schaute er ihr ins Auge klar:
Daß sie ihn trug im Herzen, ward allen offenbar.

191. Nun ließ man Hetel holen — der Streit sein Ende nahm — (663)
Zu seiner schönen Tochter. Mit dem König kam
Manch heldenkühner Recke, die besten, die man fand:
Da hörte auf das Klagen in Hegelingenland.

192. Wie es die Mannen rieten, hub zu fragen an 664
Hetel seine Tochter, ob sie zum Ehemann
Herwig sich erwählte, ihn, aller Ritter Zier.
Da sprach die schöne Jungfrau: ‚Keinen bessern wünsch’
ich mir.‘

193. Da verlobte man die Schöne dem Recken da zur Stund’, 665
Mit dem sie trug die Krone. Davon ward bald ihm kund
Ungemach und Freude. Daß er sie nahm zum Weib,
Drob ward im Streit verwundet manch gutes Recken Leib.

194. Da besandte seine Streiter Siegfried von Morenland. 668
Schiffe hieß er rüsten, wo er sie immer fand;
Mit Waffen und mit Speise waren sie wohl versehn:
Herwig galt die Rüstung. Sie mußte heimlich geschehn.

195. Zwanzig starke Kiele der König zimmern hieß. (669)
Ob sich die Männer freuten, die er es wissen ließ,
Daß nach dem fernen Seland ging seines Heeres Reise?
Der Aufbruch ward geordnet, wenn frei das Meer von Eise.

191,3 vgl. Nib. 1621, 1622. Das zu verlobende Paar tritt in
den Kreis der Verwandten, dann fragt der Vater der Braut: ‚ob sie
den Recken wolle.‘ Die entsprechende Frage an den Bräutigam fehlt hier.
194,4 ‚Siegfrieds Zug war also ein ungesetzlicher Raubkrieg, heim=
lich und ohne Ankündigung.‘ (Wilmanns.)

196. Achtzigtausend Helden   scharten sich sogleich:
     Es war da leer von Männern   Alzabe, das Reich,
     Als der Moren König   die Seinen rief voll Trutz.
     Nur wenig Recken blieben   daheim, dem Land zum Schutz.

197. In des Maien Tagen   fuhren über See
     Von Abakie die Helden   und die von Alzabe,   ·
     Als wollten sie bereiten   der Welt den Untergang!
     Da war noch mancher fröhlich,   der in den Staub bald sank.

198. In Herwigs Länder warfen   die Feinde dann den Brand.
     Was er an hilfbereiten   Freunden ringsum fand,
     Die bat er mitzuziehen: bald ward man handgemein.
     Sie wagten gern das Leben   um Gold und Edelstein.

199. Dem tapfern Selandsrecken   war all der Schade leid.
     Er war ein kühner Degen.   Wie stand er fest im Streit!
     Er düngte ganz mit Toten   das weite Feld der Schlacht.
     Jung fühlen sich die Alten,   und mancher Schädel kracht.

200. Lang währte da das Morden,   die Mannen lagen tot.
     Herwig, der edle Recke,   kam in arge Not.
     Er mußt' auf seine Burgen   entrinnen aus dem Strauß:
     Rauch sah er allenthalben.   Da sandt' er Boten aus.

201. Er hieß sie eilend reiten   in König Hetels Reich.
     Es weinte manches Auge,   die Herzen wurden weich.
     Als sie zu Hetel kamen,   da sagten sie ihm an,
     Wie ihnen grimme Feinde   Schaden und Leid gethan.

202. ‚Wir sind in bittrer Sorge   zu dir gefahren her.
     Es verdienen spät und frühe   mit Schilde und mit Speer
     Herwigs kühne Recken   des milden Herren Lohn.
     Viel Frauen werden weinen   um Gatten und um Sohn.‘

203. Da sprach der König Hetel: ‚Geht zu der Frauen mein
     Was sie zu thun gebietet   soll schnell geleistet sein.
     Und heißet sie uns strafen,   was man that euerm Herrn,
     So dienen wir euch gerne: die Rache ist nicht fern.‘

198,4 Der Fürst gilt Kriegsdienst mit Spenden aus seinem Hort.
   203,1 Kudrun ist gemeint. Hetel sieht in ihr schon die Herrin
ihres Landes.

204. Bevor die Boten traten   vor Kudrun hin, die Maid,   681
Erfuhren alle Leute   von ihrem Weh und Leid.
Sie konnt' es nicht erwarten: schnell wurden sie besandt.
Mit ihnen klagte die Fürstin,   daß verloren Ehr' und Land.

205. Die edlen Boten kamen.   In ihrer Kammer saß   (682)
Kudrun in schwerer Trauer,   ihr Auge wurde naß.
Sie fragte, wie sie geschieden   von ihrem lieben Mann,
Und ob er noch am Leben,   als man die Fahrt trat an.

206. Da sprach der Boten einer: ‚Wir ließen ihn gesund,   (683)
Als wir von bannen ritten.   Doch ist es uns nicht kund,
Wie mit ihm dann verfuhren   die aus Morenland.
Sie hausten allzu schnöde,   man sah nur Raub und Brand.

207. Nun höre, edle Jungfrau,   was dir mein Herr entbot.   (684)
Er und seine Helden   sind in großer Not.
Sie fürchten alle Tage   an Ehr' und Leib Verlust.
Drum beweise meinem Herren   die Treu' in deiner Brust.‘

208. Vom Sitze hob sich Kudrun,   die herrliche Maid,   685
Sie klagte selbst dem König   Herwigs Not und Leid.
Man schlüge ihre Mannen   und bräche der Burgen Macht.
Sie bat: ‚O reitet, Vater,   schnell sei ihm Hilfe gebracht.‘

209. Es weinten ihre Augen,   als Heteln sie umschloß.   686
‚Hilf mir, großer König!   Mein Schmerz wird allzu groß,
Wenn deine tapfern Recken   mit willigem Mut
Nicht meinen Freunden helfen: nur dann wird alles gut.‘

210. ‚Es soll mich keiner hindern,   mit Macht nicht, noch mit List,   687
Daß ich Herwig helfe   in weniger Tage Frist.
Deinen Schaden will ich enden,   so gut ich es nur kann,
Und will nach Waten schicken   und manchem andern Mann.

211. Es bringt uns der von Stürmen   sein ganzes Aufgebot.   (688)
Erfährt der edle Morung   von Herwigs großer Not,
Dann führt er guter Helden   uns tausend auf die Fahrt.
Die Feinde werden's inne,   hier wird nicht Kraft gespart.

205,3 von ir lieben manne: die Verlobung gilt rechtlich als Ehe=
schließung.
206,3 ironisch. 208,1 ‚um zum Könige zu gehen‘ (Martin). —
211—214 ungeschickte Strophen.

212. Dreitaujend Ritter führet   Horant von Dänemark
Auf unſrer weiten Reiſe.   Frolb, der Degen ſtark,
Soll allem Ingeſinde   voran die Fahne tragen.
Auch Ortwin kommt, ihr Bruder: drob verſtummen Kudruns
Klagen.‘

213. Die Boten hatten Eile,   entſendet von der Maid.
Sie ritten manche Meile.   Alle, die ihr Leib
Durch Hilfe enden wollten,   empfingen Ehren viel:
Sie warb ſich manchen Degen   zum grimmen Waffenſpiel.

214. Auch Hilde trieb die Helden   zum mannhaften Streit.
‚Wer unter ſeinem Schilde   zur Hilfe iſt bereit
Deinen lieben Freunden   und ſchwingt ſein gutes Schwert:
Was immer unſer eigen,   ſei ihm als Lohn gewährt.‘

215. Da ſchloß man auf die Kiſten.   Was man darin fand,
Trug man hin zu Hofe: reiches Kriegsgewand,
Beſchlagen ganz mit Stahle,   Panzer feſt und licht
Brachte man den Helden;   die Frauen kargten nicht.

216. Der Wirt gab tauſend Recken   Roſſe und Waffenkleid.
So ſchmuck ſie einer wünſchet,   wenn er kampfbereit
Aufbricht zur weiten Reiſe,   zog man ſie aus dem Stall.
So viel der König hatte,   er ließ ſie ihnen all‘.

217. Nun ging der Wirt um Urlaub   die hehre Fürſtin an.
Hilde und ihre Tochter   zu weinen da begann.
Doch freuten ſich die Frauen   an all‘ dem Rittertum.
Sie ſprachen: ‚Gott im Himmel   ſchenk‘ Ehre euch und Ruhm.‘

212,4 ihr Bruder — Kudrun (ir bruoder — mîn tohter), plötz=
licher Übergang aus der Rede an eine beſtimmte Perſon in allgemeine
Ausdrucksweiſe.

214 Ähnlich weiß Kriemhild Nib. 1843, 1962 Helden zum Kampfe
zu reizen. — 2 vergl. zu 168,3.

215,3 genagelet wol mit ſtâle: ‚Auf Lederkoller, neben denen
ſtarklinnene und wattierte gebraucht werden, nähte man eiſerne Ringe
oder Schuppen auf; das waren genagelte Brünnen, wie ſie unſere alten
Lieder heißen.‘ (Weinhold).

217,4 Der Reiſeſegen.

218. Und als sie dann gekommen vor das hohe Thor, (695)
Hub an ein Lied zu singen der Knappen froher Chor.
Sie hofften gute Beute in manchem harten Streit.
Die Feinde hausten ferne, der Helden Weg war weit.

219. Am dritten Morgen frühe kam auch Herr Wate an. (696)
Es brachte mit der Alte zum Kampfe tausend Mann.
Am siebenten Morgen kam aus der Dänen Land
Mit vierzighundert Recken der kühne Held Horant.

220. Auch kam von Waleis Morung, ein Kämpe auserwählt. (697)
Des Streites will er pflegen, weil's Kudrun so gefällt.
Er führte zwanzighundert in hellem Waffenschmuck.
Sie ritten voller Freude dahin, ein reis'ger Zug.

221. Der Königin junger Bruder, der Degen Ortwin (698)
Führte seiner Schwester übers Meer dahin
Der kampfesfrohen Recken viertausend oder mehr:
Wüßten es die Feinde, sie fürchteten sich sehr.

222. Als sie zu Hilfe kamen Herwig und seinem Heer, (699)
Stand's schlecht um seine Sache: Schaden groß und schwer
Erlitt er allenthalben, focht er auch heldenkühn:
Man sah die starken Feinde schon vor das Burgthor ziehn.

223. Es schuf der Morenkönig ihm arges Ungemach. (700)
Daß man die hohen Warten und festen Burgen brach,
Das kam von Übermute, es gab da keine Treu':
Wer solcher Thaten pfleget, des Lob wiegt leicht wie Spreu.

224. Die Boten kehrten heimwärts. Wie gern hört' Herwig das! (701)
Die Feinde drängten heftig, es trieb sie Zorn und Haß,
Von früher Morgenstunde bis spät zur dunkeln Nacht.
Doch ritt schon offenkundig herbei der Helfer Macht.

219,1 Nach des Königs Abreise. 4 ,Man zählt von zwei bis neun
hundert und wieder von elf hundert bis neunzehn hundert; höhere Reihen
zu zählen ist ungewöhnlich.' D. Wb. IV2 1924. Doch begegnet mhd.
auch zehenhundert; zweinzic u. s. w. hundert ist in der Kudrun nicht
selten.

225. Die Kunde schuf den Mannen von Karadie viel Leid.
Es hatten da zwei Fürsten harte Kriegsarbeit,
Weil König Hetel hurtig mit seiner Helden Schar,
Um Herwigs Not zu wenden ins Land gezogen war.

226. Die übermütigen Feinde setzten sich zur Wehr;
In Waffen sah man stehen von Morenland das ·Heer;
Es dünkte sie kein Gegner an Streitmacht ihnen gleich:
An diesem Tage wurden sie all an Mühe reich.

227. Obschon man Heiden nannte die von Morenland,
Wich keiner doch zurücke. Bald hatte man erkannt,
Daß es die besten waren vom ganzen Erdenrund:
Viel hatten sie gebettet schon auf den grünen Grund.

228. Gekommen meinte Herwig der Leiden End' und Ziel.
Drum trugen beide Heere des herben Kummers viel.
Wund ward aus ihrer Sippe mancher kühne Mann,
Wovon der König Hetel nur wenig Freud' gewann.

229. Da sie zusammenstießen, die euch genannt mein Sang,
Mit ihrer ganzen Stärke, da wurde manchem bang.
Da gab es kein Ergötzen, die Nacht schuf ihnen Sorgen:
Es sprach wohl mancher Recke: ‚Wie erleben wir den Morgen?‘

230. Da wurden von den Drängern die festen Burgen frei.
Die grimmen Feinde fochten der Feldstürme drei;
Mit Speer und Schwert verdienet ward reiches Königsgut.
Nicht einer rief: ‚Gebt Frieden!‘ In Strömen floß das Blut.

231. Wie kühn der alte Wate im Schlachtensturme stand!
Des Kampfes war er kundig. Es wirkte seine Hand
Den fremden Gästen Schaden und schweres Herzeleid.
Bei den allerbesten Helden fand man ihn jeder Zeit.

232. Auch der Däne Horant ward hochgerühmt mit Fug.
Was er an festen Helmen mit starker Faust durchschlug!
Auch schont' er nicht die Brünnen so hell und silberklar.
Sie mußten's ihm entgelten! Licht ward der Feinde Schar.

225,1 Karadie, auch Karadine = Morenland.
229,3 Unklar! Wurde während der Nacht gekämpft, oder fürchtete
man einen nächtlichen Überfall?
231,2, 232,2, 233,1, 236,2: Hand und Faust denkt sich der Dichter
nicht ohne Waffe. Morung schwingt mit der Rechten das Schwert vor
dem mit der Linken getragenen Schilde.

233. Morung, der schnelle Degen, streckte seine Hand (712)
Mit reckenhaftem Mute über den Schildesrand.
Er wollte nimmer weichen im tosenden Streit
Den edlen Morlandrecken: so rächt' er Herwigs Leib.

234. Weil den König Hetel Kudrun gesandt, (713)
Daß er Frieden stifte in ihres Freundes Land,
So sah man nicht dahinten den ritterlichen Herrn,
Und wer sein Leben liebte, blieb seinen Marken fern.

235. Herwig stritt da selber: wem geläng' es baß (714)
Vorm Burgthor und im Felde? Es war der Leib ihm naß
Von Schweiß im heißen Kampfe und schwarz vom Eisenrahm.
Das Haupt dröhnt' manchem Recken, der ihm zu nahe kam.

236. Ortwin den jungen, den Helden aus Ortland (716)
Pries da manche Zunge. Gewaltigere Hand
Hätt' niemand in dem Streite, als er sie tapfer trug:
Man sagte, daß der Degen die tiefsten Wunden schlug.

237. Seitdem der Streit erhoben, tagt' es zum zwölften Mal. (717)
Da sah man Hetels Helden auf blutiger Wal
Vor ihres Königs Augen zerspalten Schilde hart:
Es reute längst die Moren in Herwigs Reich die Fahrt.

238. Am dreizehnten Morgen zu der Frühmeßzeit (718)
Sprach voll Sorgen Siegfried: ‚Seht, wieviel im Streit
Erschlagen sind der Recken! Nach hoher Minne Ziel
Beginnt der Fürst von Seland mühvolles Waffenspiel.'

239. Sie mieden an dem Tage des wilden Kampfes Sturm. (720)
Es floß ein tiefes Wasser bei einer Warte Turm.
Sie zogen sich zurücke in dieser Warte Bann.
Doch vor den Selandsrecken ihrer keiner Ruh' gewann.

240. Siegfried von Morenlande zu König Hertel ritt. (721)
Er rief: ‚Das sollt ihr wissen, wie ich bis heute stritt,
Ist's nur ein schwacher Anfang, seitdem ich den gefunden,
Der meinen lieben Freunden schlug so viel Todeswunden.'

234,4 Der Dichter vergißt, daß Hetels Land gar nicht angegriffen ist.
235,1 baß ist das Adverb zu besser.
238,3 hohe Minne im Gegensatz zu der niederen Minne = die Liebe
zu einer hochgestellten Frau, hier also der Kudrun.
239,1 Sie = die Recken aus Morenland.

241. Die von Hegelingen erhoben da den Streit.
Sie waren kühnes Mutes und immer kampfbereit.
Durchhauen den Schild, den lichten, sah man vor ihrer Hand.
Bald hat sich König Siegfried zu jäher Flucht gewandt.

242. In dem Turm belagert durch der Feinde Macht
Wurden nun die Recken. Man rief heraus zur Schlacht,
Die müden — doch vergebens, weil sie nicht fechten konnten.
Sie wehrten sich des Sturmes, wie sie's am besten konnten.

c) Wie Hetel Boten sandte aus Herwigs Land.

243. Die Späher ritten heimwärts gen Ormanieland,
Die Ludwig und Hartmut hatten ausgesandt:
Sie kündeten den Herren die willkommne Mähr,
Daß bei Herwig Hetel in heißem Kampfe wär'.

244. Da sagte von Ormanie der Vogt den Boten Dank.
,Könnt ihr Bescheid mir geben, ob es währet lang,
Daß die von Karadine in Seland führen Streit
Mit ihren Widersachern, die rächen Herwigs Leib?'

245. Darauf der Boten einer: ,Herr König, es ist wahr,
Sie müssen da verweilen länger als ein Jahr.
Rings sind sie eingeschlossen von der Hegelinge Heer:
Die Straße in die Heimat erreicht wohl keiner mehr.'

246. Da rief von Ormanie der schnelle Hartmut:
,Wie bin ich reich geworden an Hoffnung froh und gut!
Wenn sie den Turm einschließen und man sich ihrer wehrt,
Ziehen wir gen Hegelingen, eh' Hetel heimwärts kehrt.'

247. Ludwig und Hartmut gingen nun zu Rat:
Wenn sie zehntausend hätten in guter Kriegeswat,
Wär' leicht es zu entführen Kudrun, die schöne Maid,
Eh' mit den Helden Hetel heimkehrt' aus blutigem Streit.

241,3 Einer zerschlug des andern Schild. Den Schild trug man
vor der Hand, weil er durch den Schildriemen am Arme befestigt war.
242,3, 4 Gleicher Reim im Original.

248. Noch immer war in Sorgen die alte Gerlind, (737)
Wie sie es rächen könnte, daß Hetel einst sein Kind
Schmählich verweigert hatte Hartmut, ihrem Sohn.
Sie wünschte den Hegelingen den Strick dafür zum Lohn.

249. Die Teufelin, die arge, bot ihnen reichen Sold. (738)
‚Wollt ihr von hinnen reiten, mein Silber und mein Gold
Will ich den Recken geben. Was geht es mich denn an,
Daß Hetel und Frau Hilde ihr Wort längst leid gethan!‘

250. Da sprach der junge Hartmut: ‚Sollte es geschehn, (740)
Daß ich Hildes Tochter bei uns könnte sehn,
So wollt’ ich gern verzichten auf Königreich und Kronen.
Wie wollte ich mit Liebe schön Kudruns Minne lohnen!‘

251. Der alte König Ludwig zu seinem Sohne sprach: (743)
‚Nun denke, guter Degen, daß wir viel Ungemach
Noch zu erdulden haben, eh’ wir erreicht das Ziel.
Drum gilt es auszuteilen kostbares Gutes viel.‘

252. Sie reichten reiche Gaben manch kühnem Kriegesmann, (744)
Daß man sogar in Schwaben so vieles nicht gewann
An Rossen und Saumtieren, an Sattel und an Schild;
Ludwig that es gerne: sonst war er nicht so mild.

253. Zur Fahrt in die Fremde schickte sich das Heer. 745
Gute Schiffleute, erfahren auf dem Meer,
Waren angeworben zur Reise durch die Flut.
Hoch war der Preis, drum mußten sich gern die Degen gut.

254. Dreiundzwanzig tausend fuhren übers Meer. (748)
Es sehnte sich nach Kudrun Hartmut immer mehr.
Das zeigte bald der Degen. Mit seinen Sippen all
Bracht’ er in scharfem Sturme König Hetels Burg zu Fall.

255. Es trugen sie die Kiele durch die Flut geschwind: 749
Darum vergoß viel Thränen mancher Mutter Kind.
Es führten sie die Wogen ans Ufer von Ortland.
Da spähten sie verstohlen, wo Hildes Feste stand.

249,1 tiuvelinne heißt Gerlind wegen ihres Benehmens gegen
Kudrun; schon hier sie so zu bezeichnen liegt kein Grund vor.
252,2 Nur durch den Reim veranlaßt.
253,4 si muosten arbeiten nâch dem hôhen solde. Kudrun ist gemeint.
254,1 Widerspruch zu 247,2.

256. Wohl innerhalb zwölf Meilen   stieg Hartmuts Heer —
     Es galt da kein Verweilen —   aus dem wilden Meer
     Ans sandige Gestade,   dem Ziele also nah,
     Daß man Palast und Türme   in Hildes Burg schon sah.

257. Da gebot der König Ludwig,   daß sie auf den Sand
     Die Anker niederließen.   Auch hat er sie ermahnt,
     Schnell aus dem Schiff zu treten   mit Schilde und mit Schwert,
     Bevor aus Hetels Lande   das Volk es ihnen wehrt'.

---

d) Wie Hartmut Kudrun mit Gewalt nahm.

258. Nun sandte König Hartmut   Boten vor sich her,
     Daß sie der schönen Hilde   ansagten neue Mähr
     Und ihrer lieben Tochter: könnte es geschehn,
     Man würd' für ihre Minne   ihn immer dienstbar sehn.

259. ‚Wenn sie sich aber weigert‘,   sprach König Hartmut,
     ‚So sagt, sie kauft es nimmer   mir ab mit reichstem Gut,
     Daß ich sie nicht zwinge,   eh' wir von hinnen scheiden.
     Sie soll an kühnen Recken   ihr schönes Auge weiden!‘

260. Die Boten ritten schleunig   von dannen zu der Zeit,
     Wie Hartmut es befohlen,   vor eine Feste weit.
     Man hieß sie Matelane.   Frau Hilde saß darin
     Mit ihrer schönen Tochter,   der jungen Königin.

261. Frau Hildes Schaffner schlossen   auf der Feste Thor.
     Wer dahin kam geritten,   den ließ man nicht davor
     Lange Zeit verweilen.   Es wurde aufgethan
     Hartmuts edlen Boten   das Thor von Matelan.

262. Die Recken wünschten Zwiesprach   mit der Fürstin gut.
     Das wehrten ihre Helden,   die in sichrer Hut
     Hegten beide Frauen   zu des Königs Ehr'.
     Nie ließ allein man Hilden   und ihre Tochter hehr.

256,1 Die Landung erfolgt der größeren Sicherheit wegen etwas
entfernt von der anzugreifenden Burg. Hier wird der Abstand thöricht
übertrieben, unbekümmert um den Widerspruch zu Z. 3 und 4.
     259,4 ironischer Ausdruck für ‚sie soll meine Streitmacht kennen lernen.‘
     262 Das Gespräch unter vier Augen schien den auf der Burg
zurückgebliebenen Mannen Hetels unschicklich. Ebensowenig gestattete es
die höfische Sitte, daß fürstliche Frauen und Kinder sich ohne Begleitung
zeigten. Vgl. zu 100,2.

263. Doch als die Burg betreten der edlen Boten Fuß, (766)
Empfing sie Königin Hilde mit freundlichem Gruß.
So that in hohem Sinne auch Kudrun lieb und mild.
Sie trug im tiefen Herzen des kühnen Herwig Bild.

264. Wie sehr man ihnen zürnte, man schenkte ihnen Wein, (767)
Eh' sie die Botschaft sagten. Frau Hilde lud sie ein,
Sie möchten niedersitzen vor ihr und künden an,
Warum sie zu der Feste den weiten Ritt gethan.

265. Nach höfischer Sitte stand vom Sitze auf (768)
Jeglicher der Mannen, wie noch der Boten Brauch.
Sie sagten ihr Begehren in der Hegelinge Land,
Und daß sie hatte Hartmut um Kudrun ausgesandt.

266. Da sprach die edle Jungfrau: ,Ich will mich hüten wohl, (769)
Daß der kühne Hartmut nicht Krone tragen soll
Hier vor meinen Freunden! Das wär' mir kein Gewinn.
Er ist geheißen Herwig, dem ich zu eigen bin.'

267. Darauf der Boten einer: ,Das entbietet euch Hartmut: (771)
Wenn ihr, edle Fürstin, nicht seinen Willen thut,
So seht ihr seine Recken hier vor Matelan
An dem dritten Morgen.' Sie hub zu lachen an.

268. Hetels Recken sagten den Boten auserkorn, (773)
Daß sie wenig sorgten um Hartmuts Wut und Zorn.
Und wollten sie nicht trinken von König Hetels Wein,
So wolle Blut man schenken ihm und den Helden sein.

---

264 f. Vgl. Rüdegers Botschaft am Hofe zu Worms.
1127. Er führte den Gast zum Sitze, wo er selber saß,
Und hieß den Fremden schenken — man fliß sich ohne Maß —
Met von hoher Güte, dazu den besten Wein,
Den man finden konnte in allen Gauen um den Rhein.
1131. Er erhob sich von dem Sitze mit seinen Mannen all u. s. w.
Ebenso 1750.

268,3 Wein schenkt man den Gästen; wer die Freundschaft nicht begehrt, erhält dafür Blut — aber aus eigener Wunde. Hierher gehört Nib. 1918,4: Er sprach: hier schenket Hagen den allerschlimmsten Trank, d. h. er vergießt Blut.

269. Da brachten sie die Kunde,   wo Hartmut sie verließ,
Als er gen Matelane   die Boten reiten hieß.
Entgegen eilt' er ihnen   und fragte, wie's erging,
Und ob die edle Kudrun   freundlich die Mähr' empfing.

270. Es sprach der Boten einer: ‚Sie will nicht euer sein.
Ein andrer hat gewonnen   das schöne Mägdelein,'
Des sie vor allen andern   mit holdem Sinn gedenkt:
Wollt ihr des Königs Wein nicht,   so wird euch Blut geschenkt.'

271. Auf brachen da die Fürsten   mit ihrem ganzen Heer.
Sie trugen hoch die Fahnen,   Rache war ihr Begehr.
Auf Matelan erblickte   man ihre Zeichen fern.
Da sprach die Maid: ‚Bald sehe   ich Hetel, meinen Herrn.'

272. Daß es nicht Hetels Zeichen,   erkannte bald ihr Blick.
‚O weh, nun nahet eilend   uns arges Mißgeschick.
Uns kommen grimme Gäste   nach Kudrun her, der Frauen.
Drum wird vor heute Abend   noch mancher Helm zerhauen.'

273. Da sprach von Hegelingen   zu Hilde das Gesind':
‚Was Hartmuts kühne Mannschaft   immer hier beginnt,
Wir werden's ihnen wehren   mit Wunden tief und groß.'
Da gebot die edle Fürstin,   daß man das Burgthor schloß.

274. Nicht folgten Hetels Mannen   diesem klugen Wort.
Die walteten des Reiches,   riß ihre Kühnheit fort;
Des Herren Heereszeichen   banden schnell sie auf,
Und an die fremden Gäste   ging es in jähem Lauf.

275. Mit erhobenen Schwertern   fand man schon am Thor
Tausend oder mehr noch,   die harreten davor.
Es kam geritten Hartmut   mit tausend seiner Mannen
Sie stiegen von den Rossen,   die führte man von bannen.

276. Sie trugen in den Händen   den schneidenden Schaft.
Wer mochte es da wenden?   Es wurden hingerafft
Der stolzen Bürger viele   und in den Sand gefällt.
Da kam auch König Ludwig   und mit ihm mancher Held.

271,2, 274,3 Flatternde, aufgebundene, angebundene (d. h. an die
Stange) Fahnen sind Zeichen der Bereitschaft und des Angriffs.
272,2 Hilde spricht.

277. Die Frauen hatten Sorge, daß er erschien im Streit. (784)
Es blieben nicht verborgen seine Zeichen breit;
Bei ihrer jedem standen drei tausend Recken gut.
Wie sich der Tag auch wandte, sie hegten grimmen Mut.

278. Wo sich die Burgleute glaubten gut gedeckt, (787)
Da hat mit schnellem Angriff Herr Ludwig sie erschreckt,
Kühner Normannenhelden führt' er dahin die Schar:
Wie wohl er Hartmut wollte, ward damals offenbar.

279. Der kühne König Ludwig, der Vogt von Ormandin, (786)
Aus harten Schildesspangen ließ er Funken sprühn,
Das kam vom Heldensinne, den er im Herzen trug.
Auch seine Kampfgesellen fochten kühn genug.

280. Die stolzen Bürger reute schon lange ihre That (788)
Und daß sie schnöd' verschmähet der edlen Hilde Rat,
Die klug erwognen Worte, die sprach Herrn Hetels Weib:
Drob splitterten die Schilde, und mancher ließ den Leib.

281. Hartmut und König Ludwig waren bald gekommen (789)
Nahe aneinander; sie hatten wohl vernommen
Daß man von Matelane verschloß das feste Thor:
Da hoben sie die Fahnen zur Zinne kühn empor.

277,2 ,breit ist weithinleuchtend; vgl. den breiten Blick des Silbers'
(Zacher). Ebenso: die breite See, breite Aue. 4 Elende Füllung der
Zeile wie 278,4; 292,4.

278 f. Nachdem 275—276,3 der Kampf zwischen Hartmuts Heeres-
abteilung und den vor dem Thore aufgestellten Mannen Hetels angedeutet worden, tritt 276,4 Ludwig in das Gefecht ein. Er naht der
Burg von einer Seite, welche den Verteidigern unbedingt sicher zu sein
schien. (278,1.) ,Das Verfahren beruht also auf einer Kriegslist. Hartmuts Angriff mit nur tausend Mann ist eine Art Scheinangriff, der
ihnen das tollkühne Öffnen der Thore einträgt, das denn auch sofort be-
nutzt wird, nachdem Ludwig und Hartmut sich vereinigt haben' (Hildebrand). Die gemeinsame Thätigkeit beider Könige schildert 281.

281,4 do giengens mit den schilden, daz si diu zeichen in die
burc stiezen ist schwierig zu erklären. Eine der vorliegenden genau entsprechende Kampfscene wird auf einer Miniatur des Hortus deliciarum
der Herrat von Landsberg (c. 1175) wiedergegeben. S. Henne am Rhyn,
Kulturgeschichte des deutschen Volkes I, 184. Vor dem verschlossenen
Burgthor, an das bereits die Axt gelegt wird, stehen die Belagerer im
Ringpanzer; einige suchen den Thorturm durch Fackeln in Brand zu
stecken, andere stoßen die mit Fahnen geschmückten Schäfte gegen die

282. Wieviel man von der Mauer   auch Speere warf und schoß —
     Es waren kühne Degen —   wenig sie's verdroß.
     Große Laſtſteine   warf man da zuthal,
     Die Helden kümmert' wenig   der Kampfgenoſſen Fall.

283. Ludwig und Hartmut drangen   in das hohe Thor.
     Viel todeswunde Streiter   ließen ſie davor.
     Eine Jungfrau edel   zu weinen drob begann:
     Viel Schaden ward von Feinden   in Hetels Burg gethan.

284. Von Ormanie der König   gewann da frohen Mut.
     Seine Zeichen trugen   er und die Helden gut
     Bis an den Saal der Veſte.   Da ließ man von den Zinnen
     Die lichten Fahnen flattern: Weh traf die Königinnen.

285. Hartmut, der ſchnelle Degen,   zur ſchönen Kudrun geht.
     Er ſpricht: ‚Edle Jungfrau,   ihr habt mich ſtets verſchmäht.
     Drum werden wir's .verſchmähen,   ich und die Freunde mein,
     Daß wir Gefangene machen: man hängt ſie, groß und klein.‘

286. Nicht mehr gab ſie zur Antwort   als: ‚Wehe, Vater mein!
     Könnteſt du es wiſſen,   daß man die Tochter dein
     Gewaltſam wagt zu führen   hinweg aus deinem Lande,
     Du ſparteſt der Verlaſſenen   den Schaden und die Schande.‘

287. Gern wüßte ich, was wäre   den Fremden wohl geſchehn,
     Wenn der grimme Wate   hätte zugeſehn,
     Wie Hartmut der kühne   durch den Saal geſchritten kam,
     Und mit ihm König Ludwig   Kudrun gefangen nahm.

288. Wate und auch Hetel   hätten es ihm verwehrt
     Und manchen Helm zerhauen   mit ihrem guten Schwert,
     Wär's ihnen nur verraten!   Man ſähe nimmermehr
     Geführt die ſchöne Kudrun   gefangen übers Meer.

289. Es ſtanden alle Leute   in trübem Sinn und Mut.
     Nicht anders wär' es heute!   Man nahm da Hab' und Gut
     Mit Raub den armen Bürgern   und trug es fort ſogleich.
     Glaubt mir, es wurde jeder   von Hartmuts Recken reich.

---

oben auf der Zinne ſtehenden Verteidiger, welche auf die Anſtürmenden
Steine ſchleudern. Auch hier ſind die angreifenden Ritter zu -Fuß.
Martin verweiſt in betreff dieſes Punktes auf Parzival 205,7: die porten
(Burgthor) ſuochten (griffen an) wir ze fuoz.
    282,3 Laſtſtein: ‚Stein von Gewicht, laſtender Stein.‘ D.Wb. 6, 266.

90. Als sie genommen hatten Schätze und Gewand, (798)
Führte man Frau Hilde hinaus an ihrer Hand.
Gern hätte auf die Zinnen man roten Brand gesetzt.
Daß einst die Rache folgte, wer dachte daran jetzt?

91. Hartmut befahl: es bleibe die Veste unversehrt. (799)
Schnell das Land zu räumen hat der Fürst begehrt,
Eh man die üble Kunde hätt' Hetel überbracht,
Der noch in Waleis kämpfte mit stolzer Heeresmacht.

92. ,Auch sollt ihr Raub nicht nehmen', sprach der Held Hartmut. (800)
,Sind wir daheim, so zahl' ich mit meines Vaters Gut.
Auch fahren wir um so leichter über die weite See.'
Ludwigs grimmes Wüten that Kudruns Herzen weh.

93. Die Burg, die war gebrochen; die Stadt, die war verbrannt. 801
Da hatte man gefangen, die besten, die man fand.
Zwei und zwanzig Frauen, minnigliche Maide,
Führten sie von dannen zu Hildes Herzeleide.

94. Wie traurig stand im Saale die edle Königin! 802
Sie schritt betrübten Herzens zu einem Fenster hin,
Zu grüßen die Gefangenen mit einem letzten Blick;
Es blieb manch edle Fraue klagend bei ihr zurück.

95. Weheruf und weinen hörte man da laut. (803)
Jammernd standen alle, die mit Herwigs Braut
Ins fremde Land man führte als ihr Ingesind.
Das klagt' in späten Tagen manch edles Heldenkind.

96. Die Frauen brachte Hartmut mit sich an den Strand. (804)
Verbrennen und verwüsten ließ er Hetels Land.
Ergangen war es besser als er vorher gedacht:
Schön Kudrun und Frau Hildburg sah er in seiner Macht.

97. Er wußte wohl, daß Heteln in das vierte Land (805)
Der Kampf gerufen hatte. Nun stieß er ab vom Strand.
Doch kaum war er den Gauen der Hegeling' enteilt,
Als Hilde Botschaft sandte dem Gatten unverweilt.

292 Widerspruch zu 289, 290,1.
297,1 sprichwörtlich für ,in weite Ferne.'

e) Wie Hilde Hetel und Herwig Boten sandte.

298. In ihrem tiefen Harme dem Herrn sie entbot,
Daß ihm vor Matelane so viele lagen tot,
Daß Hartmut sie geschlagen im grausen Männerstreit,
Und daß gefangen Kudrun und mit ihr manche Maid.

299. ,Ihr Boten, sagt dem König, daß ich hier ganz allein.
Es ist mir schlecht ergangen; der mir schuf Not und Pein,
Kehrt heim voll Übermutes, Ludwig, der kühne Held.
Tausend oder mehr noch liegen auf dem Feld.'

300. Die Männer ritten eilig durch das weite Land.
Es hatte sie Frau Hilde in Sorgen ausgesandt.
Am siebenten Morgen frühe erblickten sie die Statt,
Wo Siegfrieds Heer Fürst Hetel eng eingeschlossen hat.

301. Da sah man alle Tage der Ritterkünste viel;
Auch konnte man wohl hören Gesang und Saitenspiel,
Daß Langeweile nimmer im Lager sie verdroß.
Die einen liefen und sprangen, den Ger der andre schoß.

302. Es sah der Dänenrecke, der kühne Held Horant,
Hildes Boten reiten zu ihnen in das Land.
Er sprach zu König Hetel: ,Neues giebt es da!
Will's Gott, daß in der Heimat kein Schaden uns geschah.'

303. Entgegen ging der König den Boten voller Ruh. ·
Sie kamen trübes Mutes. Da rief er ihnen zu:
,Willkommen, liebe Herren, hier in diesem Land!
Wie steht es mit Frau Hilde? Wer hat euch hergesandt?'

---

301 Ähnliche Schilderungen ritterlicher Lustbarkeit im Rolandsliede 642: Die Boten kamen zu einem Baumgarten. Sie fanden darin Die Löwen voll Grimm Mit den Bären fechten. Sie sahen gute Knechte Schießen und springen. Sie hörten sagen und singen Mancher Art Saitenspiel: Aller Wonne war da viel; Die kühnen Kämpen Voreinander wichen. Sie schlugen mit dem Schwerte Auf den Stein, den harten, Daß das Feuer heraus flog. — Wie die Falken spielten und manch anderes Federspiel! u. s. w. Vgl. Iwein 62 f.

)4. Er sprach: ‚Das that die Herrin, die hat uns hergesandt. 816
Deine Burgen sind gebrochen, verheert hat man dein Land.
Kudrun ward weggeführet und mit ihr manche Maid.
Nicht kann dein Reich verwinden den Jammer und das Leid.'

)5. Er fragte, wie er hieße, der ihm das angethan. 818
Da sprach aus dem Gefolge zu ihm ein Lehensmann:
‚Der eine heißet Ludwig, er herrscht in Ormanie;
Der andre heißet Hartmut. Ein schlimmerer Feind war nie.'

)6. Darauf der alte Wate: ‚Haltet geheim die˙Mähr! 825
Der Schaden, den wir klagen, ist, weiß Gott, hart und schwer.
Doch wird er bald verwandelt in Lust und Fröhlichkeit,
Und Ludwig und Hartmut erfahren bittres Leid.'

)7. Der König Hetel fragte: ‚Wie könnte das wohl sein?' 826
Darauf der alte Wate: ‚Wir gehen den Frieden ein
Mit dem von Morenlande und seinem Ingesinde,
Und setzen mit den Recken Kudrun nach, deinem Kinde.'

Eine Reihe jüngerer Strophen berichtet, wie noch einmal mit den
!annen des Morenkönigs gekämpft, dann Friede geschlossen, auch Sieg=
!ed zum Bundesgenossen Hetels gewonnen wird. Die zur Verfolgung
artmuts notwendigen Schiffe nimmt man, abermals auf Wates Rat,
ilgern ab; von der widerstrebenden Schar werden fünfhundert unter
etels Mannschaft gesteckt.

)8. Zur Seefahrt ward bereitet geschwind manch starker Kiel. (846)
Es freute sich Herr Hetel, als guter Wind einfiel
Und übers Meer die Helden zu ihren Feinden trieb:
Fand man sie, sollte rächen das Leid manch guter Hieb.

f) Wie Hetel zum Wülpensande kam.

09. Es war ein breiter Werder, der Wülpensand genannt, 848
Da hatten Ludwigs Recken aus Normannenland
Für sich und ihre Rosse geschafft willkommne Rast.
Wie bald bedrängt' die Frohen der grimmen Sorge Last.

10. Man führte aus den Schiffen auf den öden Strand (849)
Die minniglichen Frauen aus Hegelingenland.
Wie sie das Herz es lehrte, so klagten da die Frauen
Und ließen ihre Thränen die Feinde reichlich schauen.

304,1 Einem der Boten wird das Wort erteilt. 305,1 redet Hetel.

311. Da sah der Schiffer einer   auf den Wogen nahn
     Ein Schiff mit vollen Segeln;   dem König sagt' er's an.
     Und als sie es erblickten,   rief Hartmut und die Seinen:
     ‚Pilger sind es.   Sehet   das Kreuz im Segel scheinen!'

312. Bald erschaute jeder   drei Kiele fest und gut,
     Dabei neun volle Kocken;   die führten durch die Flut
     Manchen, der noch nimmer   zu Gottes Ruhm und Ehr'
     Ein Kreuz getragen hatte!   Der Normann griff zur Wehr.

313. Bald waren sie so nahe,   daß man die Helme sah
     Auf dem Verdecke glänzen.   Viel Not erhob sich da,
     Und mancher arge Schaden   für Ludwig und sein Heer.
     ‚Auf', rief Hartmut, ‚uns suchen   die Feinde über Meer.'

314. Nicht träge waren die Fremden,   nah kamen sie dem Land,
     Daß man schon knarren hörte   die Ruder an dem Strand.
     Dort standen zum Empfange   in hellem Waffenkleid
     Die Alten und die Jungen   am Ufer schon bereit.

315. Ludwig und Hartmut griffen   nach dem Schild sogleich.
     Sie wären heimgekehret   gemächlich in ihr Reich,
     Wenn man der Ruhe nimmer   an diesem Strande pflog.
     Wer Hetel freundlos wähnte,   wie arg sich der betrog!

316. Laut rief der König Ludwig,   den Seinen zugewandt:
     ‚Ein Kinderspiel nur war es,   was je im Kampf ich fand!
     Heut gilt's zum ersten Male   mit guten Helden Streit.
     Wer meiner Fahne folget,   dem lohn' ich's alle Zeit.'

317. Hartmuts Feldzeichen   trug man auf den Sand.
     So nah schon waren die Schiffe,   daß man mit der Hand
     Die Speere konnte stoßen   zum Bord vom Ufer wild:
     Nur wenig Muße gönnte   Herr Wate seinem Schild.

318. So grimmig ward verteidigt   niemals zuvor ein Land.
     Die Hegelingenrecken   drangen an den Strand.
     Sie schwangen ohn' Ermüden   die Speere und das Schwert,
     Sie tauschten scharfe Hiebe —   die keiner doch begehrt.

311,4 Abbildung eines solchen Schiffes: Jäger, Weltgesch. 2, 314.
318,4 Nicht selten wird der Kampf als ein Tauschhandel betrachtet
und dabei von Angebot und Nachfrage (Begehr) gesprochen.

319. Da galt es Speere werfen! Es dauerte gar lang   862
Eh' sie das Land gewannen. Der alte Wate sprang
Voll Ingrimm auf die Feinde und griff sie hurtig an.
Was er im Sinne hatte, bald ward es kund gethan.

320. Es drang der König Ludwig auf Waten ein voll Wut. 863
Mit einem scharfen Speere traf er den Recken gut,
So daß die Stücke sprangen hoch auf in alle Winde.
Stark war der König Ludwig. Da kam das Ingesinde.

321. Auf den Helm des Königs das Schwert Herr Wate schwang, (864)
Daß die scharfe Schneide bis auf das Haupt ihm drang.
Trüg' er nicht unter der Brünne, ein dichtes Hemb, geschnitten
Aus Abalier Seide, den Tod hätt' er erlitten.

322. Wider den Degen Irolt der kühne Hartmut sprang.   866
Ihrer beider Waffe auf dem Helm erklang,
Es hallte das Schwertgetöse weit über die Schar dahin.
Wacker hielt sich Irolt, Hartmut war stark und kühn.

323. Herwig von Sewen, ein Held berühmt und gut,   867
Verfehlt' im Sprung das Ufer: so sprang er in die Flut,
Daß er bis an die Achsel tief in dem Wasser stand:
Ein harter Dienst um Minne ward Herwig da bekannt.

324. Den edlen Recken wollten ertränken in der Flut   868
Seine grimmen Feinde. Viele Schäfte gut
Mußten an ihm splittern, er eilte auf den Sand
Entgegen seinen Feinden: nicht ruhte seine Hand.

325. Größere Kampfesmühe ward niemals Helden kund.   870
Nie hat man so viel Helden gedrängt zum tiefen Grund.
Die ohne Wunden starben, versenkt ins wilde Meer,
Ihrer war von beiden Seiten ein ganzes Kriegesheer.

326. Als sie den Strand gewannen, sah man die Wasserflut (869)
Aus tiefen Todeswunden gefärbt ringsum wie Blut.
Aus Freunden und aus Feinden ein purpurroter Fluß,
So breit — sein End' erreichte nicht eines Speeres Schuß.

320,4 Die Vorkämpfer wechseln Speere, ehe die Schar der übrigen
Streiter handgemein wird.
  323 f. Man beachte die von geringem Geschick zeugenden Wieder=
holungen.

327. Die von Hegelingen und Ormanieland
Zahlten blutige Steuer mit ungefüger Hand.
Man sah die kühnen Recken in hartem Männerstreite.
Wer Wunden nicht begehrte, der suchte hier das Weite.

---

g) Wie Ludwig Hetel schlug und in der Nacht vonbannen fuhr.

328. Herr Hetel und Herr Ludwig schwangen in der Hand
Ihre scharfe Waffe. Da wurde bald bekannt
Den beiden edlen Recken, wie stark der Gegner wär'.
Ludwig schlug da Hetel. Das war schlimme Mähr.

329. Als der grimme Wate erfuhr des Königs Tod,
Da brüllt' er wie ein Eber; gleich einem Abendrot
Sah man die Helme leuchten von Schwertesschlägen gut:
Ihn und seine Recken sah man in Zorn und Wut.

330. Doch wie sie sich auch mühten, was half den Helden das?
Von heißem Heldenblute war schon der Werder naß.
Es ging der Tag zu Rüste, es brach die Nacht herein:
Wie schlugen noch so grimmig die kühnen Degen drein!

331. ‚Es wird der Kampf zum Morde‘, rief König Herwig laut,
‚Seit man des Tages Helle am Himmel nicht mehr schaut.
Wir greifen durcheinander den Feind, den Freund bald an;
Und währt es bis zum Morgen, lebt nicht der dritte Mann.‘

332. Nur ungern thaten Einhalt die Grimmigen dem Streit.
Es sanken müd' die Hände, die jüngst so kampfbereit.
Doch blieb man bei einander im Felde sich so nah,
Daß man die lichten Helme im Schein der Feuer sah.

333. Da riet Herr Ludwig listig: ‚Nun strecket euch zuthal,
Das Haupt auf dem Schilde, und meidet Ruf und Schall!
Dann werden es nicht merken von Hegelingenland
Die Recken, daß wir heimlich von hinnen uns gewandt.‘

334. Da vernahm man durch die Stille Klagen mancherlei.
Verwiesen ward den Frauen Thränen und Wehgeschrei;
Die es nicht lassen konnte, weil ihr das Herz zu schwer,
Die drohte man zu stoßen hinab ins tiefe Meer.

34. Mit solcher List entkamen auf die hohe See   897
    Die Normannenrecken.   Den Frauen schuf es Weh,
    Den Freunden zu verhehlen, daß man von dannen zog,
    Und daß die Ahnungslosen   Herr Ludwig schlau betrog.

35. Und eh' der Tag noch graute, waren sie schon weit.   898
    Die kühnen Dänenrecken   rüsteten zum Streit.
    Es ließ der alte Wate   tönen des Heerhorns Schall:
    An diesem Tage, meint' er, kommt mancher Feind zu Fall.

36. Zu Rosse und zu Fuße   schweiften übers Land   899
    Die Hegelingenrecken;   aber nirgends fand
    Einer die Normannen,   Ludwigs Heldenschar,
    Die neuen Kampfesmühen   heimlich entronnen war.

37. Leer fanden sie die Schiffe, zerstreut das Kriegsgewand   (900)
    Liegen am Gestade   auf dem Wülpensand.
    Der herrenlosen Waffen   sah man da manches Stück.
    Sie hatten es verschlafen: nie kehrt der Feind zurück.

38. Da sie nun müßig waren nach mancher herben Not,   912
    Begruben sie den König,   der den schönen Tod
    Um Freundes Lieb' erlitten   dort auf dem Wülpensand.
    Es wurden auch gebettet   die andern, die man fand.

Auf dem Schlachtfelde wurde Gottesdienst gehalten; durch eine Ur-
kunde verpflichteten sich die Überlebenden zur Gründung eines Klosters
und eines Spitals. Dann wandten sie sich zur Heimkehr.

h) Wie die Hegelinge heimfuhren.

39. Wate ritt mit Zagen   heim in Hildes Land.   921
    Der andern wagt' es keiner.   Seine starke Hand
    Hatt' üble Wacht gehalten   in grimmer Völkerschlacht.
    Oft hat der alte Recke   an Hildes Zorn gedacht.

40. ‚Wehe‘, sprach Frau Hilde, ‚was ist denn geschehn,   923
    Daß ich in ihren Händen   zerhauenen Schild muß sehn?

339,1 Natürlich nicht ohne Begleitung seiner Mannen, nur nicht
mit einem andern der hervorragenden Helden.

Die Rosse schreiten langsam, mit starker Last beschwert.
Ich fürchte, übel steht es. Ist Hetel unversehrt?'

341. So sprach die hehre Fraue in bangen Harm versenkt.
Da hatten schon die Leute um Wate sich gedrängt,
Die von den lieben Freunden gern hörten Neuigkeit:
Er sagte an die Kunde; da warb es allen leid.

342. Es sprach von Stürmen Wate: ‚Nicht hat's der Lüge not.
Auch will ich's nicht verschweigen: sie liegen alle tot.'
Ob dieses Worts erschraken sie alle, jung und alt.
Sie zwang zu lautem Jammer des Schmerzes Allgewalt.

343. ‚Weh mir, in meinem Leibe', rief da die Königin.
‚Es sank im Schlachtensturme mein guter Herr dahin,
Hetel, der reiche König. Tot liegt mir Glück und Ehr'!
Auch meine Tochter Kudrun seh' ich nun nimmermehr.'

344. Da sprach der grimme Wate: ‚Laßt, Frau, das Klagen sein.
Ihr macht sie nicht lebendig, die man dort scharrte ein.
Doch ist uns einst erwachsen die Jugend in dem Lande,
So rächen wir an Ludwig und Hartmut diese Schande.'

345. Da sprach die Kummervolle: ‚Hei! wär' der Tag nicht fern!
Was ich mein eigen nenne, ich gäbe hin es gern,
Wenn es zur Rache käme nach diesem grimmen Weh,
Und wenn ich arme Fürstin noch einmal Kudrun säh'.'

346. Darauf der alte Wate: ‚Das kann nicht eher sein,
Als bis des Schwertes fähig, die heut noch jung und klein.
Heut weinen viele Waisen. Doch sind sie stark und klug,
So rächen sie den Vater auf wildem Kriegeszug.'

347. Da sprach die edle Fürstin: ‚Gott sei's anheim gestellt,
Ob ich es je erlebe! Noch liegt es weit im Feld.
Wer dann noch an mich denket, an Kudrun auch, mein Kind,
Den soll man allzeit rühmen, denn er ist treu gesinnt.'

348. Die Boten heischten Urlaub. Sie sprach in ihrer Pein:
‚Wer meiner nicht vergisset, dem soll Gott gnädig sein.
Nach Jahren sollt ihr reiten hierher zu neuem Streit;
Indessen macht euch, Helden, zum Rachezug bereit.'

340,3 Die Rosse trugen die Rüstungen der Gefallenen; auch Nib. 220
(Lchm.) werden die Waffen auf Saumtiere geladen.

i) Wie Hartmut heimkehrte.

Als sie von bannen zogen,   wie euch gesagt mein Mund, 952
Ließen sie zurücke   manchen Helden wund.
Manch andrer blieb im Kampfe   tot auf dem weichen Sand:
Drob weinte manche Waise   ringsum im weiten Land.

Mit vielen schweren Sorgen   durchschnitten sie die Flut. (953)
Abend ward's und Morgen.   Mancher Degen gut
Schämte sich im stillen: wenn auch die Fahrt gelang,
Man war entronnen heimlich   aus wildes Kampfes Drang!

Da führten sie die Winde   in König Ludwigs Land. 955
Die Leute auf den Schiffen   waren da wohl bekannt.
Wie trug nach Weib und Kindern   so mancher da Begehr,
Der jüngst noch meint' in Sorge,   er säh' sie nimmermehr.

Auch Ludwig, der kühne,   seine hohe Feste sah. 956
Es sprach von Ormanie   der Fürst zu Kudrun da:
‚Seht ihr die Burg dort ragen?   Nun habet frohen Mut!
Zeigt ihr uns guten Willen,   reicht man euch reiches Gut.'

Da sprach in ihrem Schmerze   die edle Königin: 957
‚Wem zeig' ich guten Willen?   Von aller Güte bin
Ich leider abgeschieden;   fern liegt mir alles Heil.
Ich weiß, mein harren Leiden: nichts andres wird mein Teil.'

Zur Antwort gab ihr Ludwig: ‚Werft ab den trüben Mut! 958
Schenkt Hartmut eure Liebe,   dem Recken kühn und gut.
Was wir zu eigen haben,   ist euer dann sogleich.
Ihr werdet mit dem Degen   an Ehr' und Wonne reich.'

Darauf Frau Hildes Tochter: ‚Laßt endlich mich in Ruh! 959
Eh' euern Sohn ich nehme,   deckt mich die Erde zu.
Und wär' er auch so adlig,   daß er mir gleich an Ehre,
So stürbe ich noch lieber,   als daß ich seine wäre.'

349,1 Die Erzählung wendet sich zu den Normannen.
352,3 Ludwig spricht hier im Namen seines Sohnes. Hartmut
e Kudrun beschenken, wenn sie erklärte, ihm angehören zu wollen.
354,4 vgl. 364,4 und 392,4.

356. Es reizte solche Rede   König Ludwigs Wut.
      Er faßte sie an den Haaren   und warf sie in die Flut.
      Da kam der kühne Hartmut   herbei zu rechter Zeit:
      Er hat die schöne Jungfrau   aus dieser Not befreit.

357. Grad' als sie wollte sinken,   kam der Held Hartmut.
      Nah war sie am Ertrinken.   Da griff der Degen gut
      Nach ihren blonden Zöpfen   mit seiner starken Hand.
      So hob er aus dem Meere   sie an des Schiffes Rand.

358. In eine Barke hob sie   Hartmut, der Degen wert.
      Wer hatte König Ludwig   wohl solchen Brauch gelehrt?
      Nun saß sie da im Hemde   in einem Schiffe klein.
      Die Hofzucht war ihr fremd noch. Wohl konnte sie traurig sein.

359. Da sprach der Degen Hartmut: ‚Was ertränket ihr mein Weib,
      Die schöne Königstochter,   so lieb mir wie mein Leib?
      Hätt' es gethan ein andrer,   als ihr, der Vater mein,
      Ich schüfe ihm im Zorne   wohl grimme Not und Pein.‘

360. Zur Antwort gab ihm Ludwig: ‚Nun bin ich schon so alt,
      Und hab' es nie erfahren,   daß mich einer schalt.
      Gern lebte ich mit Ehren   bis zu der letzten Frist.
      Drum bitte für mich Kudrun,   daß sie mein Thun vergißt.‘

361. Nun waren auch die Boten   gekommen frohgemut.
      Sie brachten Frau Gerlinden   eine Kunde lieb und gut:
      Es woll' ihr immer dienen   ihr kühner Sohn Hartmut;
      Auch solle sie begrüßen   am Strand die Ritter gut.

356—360 Ein wunderbarer Einfall eines jüngeren Dichters. Besonders auffallend ist die dem König Ludwig angedichtete Roheit und seine verzagte Abbitte. 359,2 die ist mir als der lîp, eine oft gebrauchte Formel = sie ist mir so lieb, wie ich selbst, wie mein Leben.

360,2 schelten, bescholten (unbescholten) = jemandem etwas vorwerfen, durch das seine Ehre verringert oder vernichtet wird. Ludwig fühlt, daß ihm der Vorwurf seiner schnöden That zur Unehre gereichen muß.

361,1 Von diesen Boten war noch nicht die Rede. Ihre Sendung erinnert an Siegfrieds Fahrt nach Worms, als Gunther mit Brunhild heimkehrt. — Auch im Original kehrt der Reim wieder.

362. Auch ließ er ihr verkünden,   es käme über Meer   (967)
Die Maid von Hegelingen,   nach der das Herz ihm schwer
Und bange oft geschlagen   in heißer Liebesglut.
Als das Frau Gerlind hörte,   da ward ihr froh zu Mut.

363. Es sprach der biedere Bote: ‚Fraue, kommt zuthal   (968)
Von der hohen Feste,   daß ihr die Jungfrauen all,
Die Jammerreichen, grüßet   voll Huld in eurem Land.
Ihr und euere Tochter   sollt reiten an den Strand.'

364. ‚Das will ich gerne leisten',   sprach da die Frau Gerlind. (970)
‚Reich machen wird an Freuden   mich König Hetels Kind.
Kommt sie mit dem Gesinde   in unser Land herein,
So wird der Degen Hartmut   oft mit ihr fröhlich sein.'

365. Man hieß die Rosse holen   und Satteldecken gut.   (971)
Die junge Königstochter   war froh und wohlgemut.
Sie hoffte, daß sie könnte   in ihres Vaters Land
Die schöne Kudrun sehen,   die man oft mit Lob genannt.

366. Sie hoben aus den Kisten   die allerbeste Wat,   (972)
Die sie drin liegen wußten   und die ein Mensch nur hat.
Mit Sorgfalt ließ man kleiden   Herrn Hartmuts Heldenschar.
Es prangte das Gesinde   in Kleidern licht und klar.

367. Am dritten Morgen waren   schon fertig Weib und Mann, (973)
Die Gerlind und schön Ortrun   zum Ingesind gewann.
Sie waren wohl bereitet   zum fröhlichen Empfang,
Sie ritten aus dem Burgthor   und zögerten nicht lang.

368. Die auf dem Meere waren,   stiegen indes ans Land.   974
Was die Schiffe trugen,   brachte man zum Strand.
Zur Heimat kehrten alle   in Lust und Fröhlichkeit;
Nur Kudrun und die Jungfrau'n   fühlten herbes Leid.

369. Sie durfte es nicht hindern,   welch Leid ihr auch geschah, 975
Daß man den Degen Hartmut   an der Hand sie führen sah.
Die arme mußt' es leiden,   so heischt's des Hofes Zucht.
Ihn freut' es; ihr zu dienen,   was hätt' er nicht versucht?

363,4. 365,2 Ortrun ist gemeint.

370. Mit ihrer Herrin gingen   wohl sechzig Jungfrauen wert.
Daß ihnen solche Ausfahrt   vom Himmel war beschert!
Sie lebten in der Heimat   in Pracht und Herrlichkeit,
Nun schwand dahin die Freude   in bitteres Herzeleid.

371. Hartmuts schöne Schwester   zwischen den Fürsten ging,
Als sie Hildes Tochter   mit Freundlichkeit empfing.
Weinend küßte Kudrun   aus Hegelingenland
Des Wirtes schöne Tochter.   Die faßte ihre Hand.

372. Auch kam da, sie zu küssen,   die alte Königin.
Das konnte nicht verwinden   der schönen Kudrun Sinn.
Sie sprach zu Frau Gerlinde: ‚Was tretet ihr herzu?
Ich küßte eure Tochter —   doch ihr laßt mich in Ruh.

373. Es kam von euerm Ratschlag,   daß ich arme Maid
Mit Schande dulden mußte   so großes Herzeleid.
Schon hab' ich viel erlitten   und leider wird's noch mehr.'
Da müht' um ihre Huld sich   die alte Fürstin sehr.

374. Sie grüßte nacheinander   die Frauen allzumal.
Da hob sich ein Gedränge!   Laut war der Waffen Schall.
Da ließ man auf dem Sande   aufschlagen reich Gezelt.
Mit bunten seidnen Schnüren: da ruhte mancher Held.

375. Die Leute hatten Mühe,   als sie von der See
Ihr Gut ans Ufer trugen.   Kudrun that es weh,
Daß bei den Jungfrauen blieben   die Normannen oft zurück.
Sie schaute nur auf Ortrun   mit minniglichem Blick.

370,2 Gegensatz: sie hätten vielmehr eine standesmäßige Vermählung in der Fremde verdient.

371 Der Dichter steht so sehr in seinem Stoff, daß er sich Gerlind nicht anders als teuflisch, Ortrun nur als Lichtgestalt denken kann. Bisher haben beide Frauen noch nichts gethan, was Kudruns Benehmen rechtfertigt.

374,1 Sie = Kudrun, die Hauptperson. Die Frauen sind die Begleiterinnen der Gerlind und der Ortrun. — 2 die Mannen drängten sich, um Kudrun zu sehen; dabei klirrten die Waffen.

375,3 ‚Die normännischen Ritter machten den Gespielinnen der Kudrun den Hof. Diese Situation ist höfisch.' (Martin.)

376. Die war in ihrem Herzen   von aller Bosheit frei.   (983·
Wie gern hätt' sie der Armen,   so reich an Lieb' und Treu',
Die Fremde umgewandelt   zu liebem Aufenthalt!
Kudrun fühlt' nach den Freunden   der Sehnsucht Allgewalt.

377. Da fuhr aus dem Lande   der Degen Hartmut.   986
Er brachte Hetels Tochter   auf eine Feste gut.
Da weilt' sie leider länger   als ihr das Herz gebot;
Sie mußte Pein erdulden   und Angst und große Not.

378. Es ließ der junge König   mit betrübtem Mut   995
Kudrun, die schöne,   in seiner Mutter Hut.
Die junge Königstochter   trug darum viel Beschwer:
Sie hatte keine Freude   an Frau Gerlindens Lehr'.

379. Da sprach die alte Gerlind,   Ludwigs Königin: 988
‚Wann wird die schöne Kudrun   wenden ihren Sinn
Und König Hartmut grüßen   als ehelich Gemahl?
Er ist ihr ebenbürtig,   nicht braucht es langer Wahl.'

380. Das Wort vernahm auch Kudrun,   die heimatlose Maid. 989
Sie sprach: ‚Gewiß, Frau Gerlind,   wär's euch geringes Leid,
Zwäng' man euch den zu minnen,   der eure Feinde schlug!
Gäb' man euch solchem Manne,   ihr wehrtet euch mit Fug.'

381. Die teufelische Fraue   sprach zu der schönen Maid: 996
‚Willst du nicht Freude haben,   so sollst du haben Leid.
Nun suche dir die Helfer   in aller Könige Land:
Du sollst den Pesel heizen   und schüren selbst den Brand.'

382. Da sprach die edle Jungfrau: ‚Das will ich leisten wohl. 997
Was ihr mir gebietet   auch geschehen soll,
Bis mir Gott im Himmel   die harte Sorge wende.
Zu Hause hab' ich nimmer   geschürt die Feuerbrände.'

377,1 Zu einem Kriegszuge.
380,2 Natürlich bitterste Ironie.
381,4 Pesel, noch jetzt in niederdeutscher Mundart, bedeutet das
heizbare Frauengemach. Das Amt des Ofenheizers oder der Heizerin
scheint im Mittelalter sehr verächtlich gewesen zu sein.

383. Eines Fürsten Tochter,   der Burgen hat und Land,
     Mußte den Ofen heizen   mit ihrer weißen Hand,
     Wenn Gerlinds Dienerinnen   traten ins Gemach.
     Es war so niederes Dienen   der Fürstin herbe Schmach.

384. Sanftmütig that sie alles,   was man ihr gebot,
     Und führt' es aus mit Sorgfalt   trotz ihrer großen Not.
     Sieben volle Jahre   trug sie's im fremden Reich:
     Es sah die schöne Kudrun   einem Königskind nicht gleich.

385. Doch als dem neuen Jahre   zu nahen man begann,
     Fing der kluge Hartmut   sich zu besinnen an,
     Daß ihm und seinen Freunden   es wäre Schmach und Schande,
     Daß er nicht Krone trüge   und Herr doch hieß' im Lande.

386. Er kam just aus dem Streite,   er und mancher Mann.
     Durch Heldenmut und Kühnheit   man hohen Ruhm gewann.
     Da hoffte er, daß Kudrun   bald seine würde sein,
     Die Maid, die er vor allen   im Herzen trug allein.

387. Als sie ihm ging entgegen,   da sprach zu ihr Hartmut:
     ‚Kudrun, schöne Jungfrau,   hielt man dich auch gut,
     Seit ich mit meinen Degen   geschieden aus dem Lande?'
     Sie sprach: ‚Dir ist es Sünde,   und mir mein Dienen Schande.'

388. Und abermals sprach Hartmut: ‚Was habt ihr gethan,
     Gerlind, liebe Mutter?   Nahmt ihr euch nicht an
     Der Jungfrau, wie ich meinte,   daß ihr ihr Herzeleid
     In diesem fremden Lande   zu lindern war't bereit?'

389. Sie sprach mit Wolfessinne: ‚Wie mocht' ich ziehen baß,
     König Hetels Tochter?   Nun lerne ihren Haß:
     Ich konnte es nicht hindern   mit Bitte noch Gewalt,
     Daß sie dich und den Vater   und deine Freunde schalt.'

390. Darauf der Degen Hartmut: ‚Da trieb sie arge Not!
     Wir schlugen ihren Freunden   manchen Ritter tot.
     Wir machten sie zur Waise   und grüßten sie mit Hohn.
     Mein Vater schlug den ihren.   Ein Wörtlein kränkt sie schon.'

383,1 Kudrun.
385,4 Die Krönung und mit ihr die Besitzergreifung des väterlichen
Reiches folgt der Vermählung des Fürsten.   Vgl. oben die Geschichte
Hagens S. 16 und Str. 354,3.

391. Da sprach seine Mutter: ‚Mein Sohn, das ist wohl wahr: 1017
Und wenn wir Kudrun hätten   in Obhut dreißig Jahr,
Mit Rute und mit Geisel   brächt' ich sie nur dahin,
Daß sie die deine würde;   nichts beugt sonst ihren Sinn.'

392. Ihm rieten seine Freunde,   ob lieb es oder leid   1025
Seiner Mutter wäre,   daß er die schöne Maid
Mache sich zu eigen,   wie es geschehen mag.
Erleben mit der Frauen   würd' er noch wonnigen Tag.

393. So rieten seine Freunde.   Als er nun Kudrun fand   (1026)
In einer Kemenate,   ergriff er ihre Hand
Und sprach: ‚Hört auf mein Werben,   Königstochter hehr,
Und tragt mit mir die Krone: dann seid ihr reich an Ehr'.'

394. Da sprach die schöne Jungfrau: ‚So steht mir nicht der Mut. 1027
Weil mir die böse Gerlind   so viel zu Leide thut,
So will mit keinem Manne   in Lieb' ich sein vereint.
Ihr und ihrer Sippe   bin ich von Herzen feind.'

395. ‚Das ist mir leid', sprach Hartmut.   ‚Wenn ich es leisten kann, 1028
So büße ich, was Gerlind   euch hat zu Leid gethan.
Ich will es euch ersetzen,   nach unser beider Ehr'.'
Da sprach die edle Jungfrau: ‚Ich trau' euch nimmermehr.'

396. Da sprach der junge Hartmut,   der Fürst von Normandie: 1029
‚Ihr wißt es, Königstochter,   daß mein eigen hie
Das Land ist und die Burgen,   dazu der Leute Menge:
Wer würde mich drum hängen,   wenn ich euch zur Ehe zwänge?'

397. Zur Antwort gab ihm Kudrun: ‚Übel wär's gethan.   1030
Auch hab' ich keine Sorge,   daß es geschehen kann.
Was dächten andre Fürsten,   vernähmen sie die Mähr',
Daß König Hagens Tochter   so schnöd' vermählet wär'!'

391,2 Eine oft wiederkehrende, allgemeine Zeitbestimmung = viele
Jahre.

396,4 Hartmut giebt durch die Bezeichnung der Strafe selbst zu,
daß es ein Verbrechen ist, auf Kudrun Zwang auszuüben, d. h. die Ehe
ohne ihre Einwilligung, ohne ein vorangegangenes Verlöbnis zu schließen.
Keine Freie konnte zur Ehe gezwungen werden.

398. ‚Was kümmern mich die Fürsten?‘ rief der Held Hartmut.
‚Wenn es euch allein nur, Herrin, dünkte gut,
So wollt’ ich König werden, ihr wäret die Königin mein.‘
Sie sprach: ‚Seid ohne Sorge, ich kann nicht euer sein.

399. Ihr wisset wohl, Herr Hartmut, was geschehen ist,
Und welchen Schaden thaten euer Mut und eure List,
Als ihr mich habt gefangen, entführt aus meinem Land,
Und wie das Reich verwüstet eurer guten Recken Hand.

400. Auch ist euch nicht verborgen — mir ist es leid genug —
Daß euer Vater Ludwig meinen Vater schlug.
Wenn ich ein Ritter wäre, er sollte ohne Schwert
Mir nicht zu nahe kommen! Euch ist mein Herz verwehrt.

401. Ihr wisset auch, Herr Hartmut: eh’ ihr kamt in das Land,
Daß ich einem König reichte meine Hand.
Ihm gelobt’ ich mich zum Weibe mit einem festen Eid.
So lange er am Leben, trennt mich von ihm kein Leid.‘

402. Sie weigerte sich lange, bis es ihn verdroß.
Der Degen sprach: ‚Frau Kudrun, ich bin so reich und groß
Wie der Fürste Herwig, den ihr zum Gemahl
Wähltet euch zur Ehre. Mich ärgert eure Wahl.‘

403. Er fand ein andres Mittel. Zu Hofe ließ man gehn
Die edle Jungfrau Ortrun, die Königstochter schön.
Sie sollt’ in Ehr’ und Züchten Hartmut zum Gewinn
In Freundlichkeit verkehren Frau Kudruns starren Sinn.

404. Da sprach die schöne Ortrun, die Maid von Ormanie:
‚Ich will ihr immer dienen, daß sie gedenke nie
Fortan ihres Leides; ich will mich vor ihr neigen;
Ich und meine Jungfrau’n gehören ihr zu eigen.‘

400,3 Sie gedenkt der Pflicht der Blutrache, die es ihr auferlegen
würde, Ludwig anzugreifen und zu töten.

404,3, 4 enthalten ungerechtfertigte Übertreibungen; sich zu eigen
geben = auf seine Freiheit verzichten.

405. Es dankte ihr holdselig   die edle Jungfrau schön: (1040)
,Daß ihr mich so gerne   gekrönet möchtet sehn
Neben König Hartmut   in Ehr' und Herrlichkeit,
Das dank' ich euch in Treuen.   Doch ist zu herb mein Leid.'

k) Wie Kudrun waschen mußte.

406. Da bot man Hetels Tochter   Burgen an und Land.   (1041)
Weil keines sie begehrte,   mußte sie Gewand
Alle Tage waschen   vom Morgen bis zur Nacht.
Drum sah man später Ludwig   sieglos vor Herwigs Macht.

407. Es ging der Degen Hartmut,   wo er die Seinen fand.   (1050)
Er befahl in ihre Obhut   die Leute und das Land.
Dann zog er in die Ferne.   Er dacht' in Sorgen schwer:
,Ich habe viele Feinde: drum setz' ich mich zur Wehr.'

408. Da sprach mit Wolfessinne   die böse Frau Gerlind: 1052
,Nun will ich, daß mir diene   der stolzen Hilde Kind.
Weil sie in ihrer Bosheit   sich dünkt so gut und treu,
Soll sie als Magd mir dienen;   leicht wär' von Schmach sie frei.'

409. Darauf die edle Jungfrau: ,Was ich leisten kann,   1053
Das sei mit diesen Händen   früh und spät gethan;
Mit Fleiß und gutem Willen   thu' ich es immerdar,
Da mich mein herbes Schicksal   schuf aller Freunde bar.'

410. Da sprach die böse Gerlind: ,Du sollst mein Gewand   1054
Jeden Morgen tragen   nieder an den Strand;
Du sollst die Kleider waschen   mir und dem Ingesinde.
Und hüte dich, du Stolze,   daß man dich müßig finde.'

411. Darauf die edle Jungfrau: ,Fraue, hört mich an!   1055
Nun laßt mich unterweisen,   daß ich lernen kann,
Wie ich die Kleider wasche   unten an dem Meer.
Ich mag nicht Freude haben,   ja, quält mich nur noch mehr.'

---

406 Beginn eines neuen Liedes mit allgemeiner Angabe des Inhalts. Die vierte Zeile greift in die Zukunft hinüber: vgl. zu 114,4.

407 Dasselbe Motiv wie 377: Hartmut muß fern sein, wenn Gerlind Kudrun quält. Er überläßt einem Teil seiner Mannen die Hut über Land und Leute; daß ihn der andere Teil begleitet, ist selbstverständlich.

412. Da hieß sie eine Wäscherin   nieder an den Strand,
     Daß sie es Kudrun lehre,   tragen das Gewand.
     Die Fürstentochter diente   in harter Pein und Not.
     Niemand konnt' es wehren: es war Gerlinds Gebot.

413. Da sprach in Lieb' und Treue   Hildeburg, die Maid:
     ‚Es muß uns alle jammern   — es sieht Gott unser Leid —
     Die einst mit Kudrun kamen   her in dieses Land;
     Man gönnt uns wenig Ruhe,   und sie wäscht an dem Strand.‘

414. Das Wort vernahm Frau Gerlind,   und voller Hohn sie sprach:
     ‚Willst du, daß deine Herrin   nicht duldet solche Schmach,
     So tritt an ihre Stelle,   mach' sie des Dienstes frei.‘
     ‚Für sie thät ich es gerne‘,   rief Hildburg mild und treu.

415. ‚Es erbarmet mich der Guten,   wie groß auch meine Not.
     Denn ihr schuf hohe Würde   Gott durch sein Gebot.
     Der allerreichste König   war einst ihr stolzer Ahn.
     Sie hofft auf meine Treue.   Das sei kein leerer Wahn!

416. Um Gottes Willen sollt ihr,   hehre Frau Gerlind,
     Sie allein nicht lassen;   sie ist ein Königskind!
     Auch ich bin eine Fürstin,   und doch steh' ich ihr bei:
     Laßt mich mit Kudrun waschen —   wie auch das Ende sei.‘

417. Da sprach die böse Gerlind: ‚Dann wird dir oftmals Weh.
     Wie hart auch wird der Winter,   so mußt du auf dem Schnee
     Stehn und die Kleider waschen   in Kälte und in Wind —
     Und könntest im Pesel sitzen   mit anderm Ingesind!‘

418. Sie konnte kaum erwarten,   bis der Abend kam.
     Sie wollte Kudrun trösten: bei der Hand sie nahm
     Die edle Königstochter   und ging in ein Gemach,
     Wo man von herbem Dienste   manch Wort der Klage sprach.

419. Es hub da unter Thränen   Hildburg, die hehre, an:
     ‚Wie jammert mich im Herzen,   was man dir angethan!
     Ich bat die böse Teufelin,   daß du nicht mehr allein
     Sollst auf dem Sande waschen: die Not sei uns gemein.‘

416,2 vgl. zu 262.

420. Da sprach die Heimatlose: ‚Das lohn' dir Jesus Christ, (1067)
Daß du ob meines Leibes allzeit so traurig bist.
Und willst du mit mir waschen, wird froher unser Sinn,
Wir werden reich an Freude, schnell geht die Zeit dahin.‘

421. Da man ihr erlaubte, daß sie das Gewand (1068)
Mit der Freudelosen an dem öden Strand
Wüsche in den Fluten, ward alles Weh gelinder.
Da mußten lange waschen die beiden Fürstenkinder.

422. Es währte das so lange, — es ist wirklich wahr — (1070)
Daß sie waschen mußten bis ins sechste Jahr.
Weiß wuschen sie die Kleider für Hartmuts Helden gut;
Nie drückte größerer Kummer vornehmer Frauen Mut!

1) Wie Hilde ihr Heer rüstete.

423. Nun lassen wir die Rede, wie sie dienten hie (1071)
Den Männern und den Frauen. Hilde hatte nie
Auf andere Entwürfe den stolzen Sinn gewandt,
Als wie sie Kudrun führte in ihrer Väter Land.

424. Vierzig Galeeren standen schon fertig auf dem Meer, (1073)
Hildes Augenweide! Sie hoffte, daß ein Heer
Auf ihrer Boten Ladung zur Fahrt sich stellte ein:
Es sollte jedem reichlich die Müh' vergolten sein.

425. Zur Zeit der heiligen Nächte that sie Tag und Stund' 1075
Des Königs Tod zu rächen im ganzen Lande kund.
Wer immer ihr im Reiche war dienstbar und verwandt,
Erfuhr, daß Kudrun sollte heim aus dem fremden Land.

426. Es eilten ihre Boten zuerst in Herwigs Reich. 1077
Weshalb man sie entsendet, er wußte es sogleich.
Entgegen ging er ihnen, sobald er sie erschaut,
Und hörte, was Frau Hilde den Degen anvertraut.

423,1 hie = in Normandie, wo der letzte Teil der Erzählung sich
abspielte.

425,1 ‚Zur Zeit der heiligen Nächte‘ entspricht dem mhd. zen
wîhen nahten; es sind damit die zwölf Nächte nach dem 25. Dezember
gemeint, die alte Winterfestzeit.

427. Es sprach der edle Ritter: ‚Ich weiß, gefangen hat
Mein Lieb der König Hartmut mit arger Frevelthat,
Weil sie sich ihm versagte und mich zum Freund erkor,
Und daß darum Frau Kudrun den Vater einst verlor.

428. Nun künde, guter Bote, der Fürstin meinen Sinn:
Es soll der König Hartmut nie haben des Gewinn,
Daß er die edle Herrin festhielt so lange Zeit:
Mehr noch als alle andern ersehn’ ich Schlacht und Streit.

429. Sag’ ihr, daß König Herwig nach dieser heiligen Frist
In sechsundzwanzig Tagen zum Kampf gerüstet ist.
Nach Hegelingen führ’ ich dreitausend meiner Mannen.‘
Sie blieben da nicht länger und ritten froh von bannen.

430. Weil nun der schönen Hilde noch weiter Hilfe not,
Berief sie auch der Dänen stattliches Aufgebot.
Es durften da die Helden nicht lange mehr verziehen,
Die sich in Ormanie um Kudrun sollten mühen.

431. Auch ließ sie Horant mahnen: aus königlichem Blut
Stamm’ er; drum soll’ er kommen mit seinen Recken gut,
Daß ihre liebe Tochter von Kummer werde frei
Und nicht mehr lang im Elend bei König Hartmut sei.

432. Da sprach der kühne Degen: ‚Sagt an der Königin,
Daß ich in wenigen Tagen mit Freuden bei ihr bin.
Und daß der Sinn mir stehet auf Kriegesstürme stark:
Zehntausend Helden führ’ ich herbei aus Dänemark.‘

433. Es war da frohes Mutes Wate aus Sturmland.
Er wollte Hilfe bringen. War ihm auch unbekannt
Die Botschaft, die Frau Hilde ließ künden ringsumher,
Müht’ er sich doch zu sammeln ein wackres Kriegesheer.

434. So rüsteten sich alle fröhlich zum heißen Streit.
Wohl tausend Helden standen mit Waten kampfbereit
In dem Lande Stürmen, Sippen und Lehensmann:
Mit ihnen griff er Hartmut von Ormanie an.

431,1 Str. 6 hieß Horant König Hetels Neffe. Vgl. 447.
433,2 Warum Wate von dem Aufgebot nichts erfährt, ist unklar.

135. Auch ritten Hildes Boten   ferne nach Ortland,   1096
Wo man auf dem Plane   den jungen Degen fand
Bei einem breiten Bache: da gab es Vögel viel.
Es jagte dort der König   mit seinem Federspiel.

136. Er ließ die Falken fliegen.   Dann ritt er schnell dahin,   1098
Wo neue Mähre trübte   seinen frohen Sinn.
Er grüßte Hildes Boten,   die machten ihm bekannt,
Daß man die edle Fürstin   noch stets in Thränen fand.

137. Sie sagten ihre Botschaft   in aller Redlichkeit   1099
Und fragten, ob der Degen   zur Heerfahrt sei bereit;
Wieviel der starken Recken   Herr Ortwin bringe mit,
Wenn man aus Heglingen   gen Ormanie ritt.

138. Zur Antwort gab Herr Ortwin: ‚Du sprachst ein wahres Wort.   1100
Ich will aus diesem Lande   mit mir führen fort
Von zwanzigtausend Helden   ein stattlich Aufgebot,
Und sollten im Gefilde   auch alle liegen tot.‘

139. Nun sah man aller Orten   reiten in das Land   1101
Die Degen, die Frau Hilde   hatte rings besandt.
Sie dienten ihr getreulich   um ihre eigene Ehr':
Es kamen sechzigtausend   der Helden oder mehr.

140. Wer kam ins Land geritten   und sich am Hof fand ein,   (1105)
Der mußte wohl Frau Hilde   hoch willkommen sein.
Sie schritt den Herren entgegen   und grüßte Mann für Mann:
Wie mancher gute Degen   da reiche Wat gewann!

435,2 Ortwin ist auf einer Wiese (Plan = la plaine) mit der
Jagd auf Wasservögel beschäftigt, und zwar bedient er sich dazu abgerich=
eter Falken (Falkenbeize.) Er ist nicht allein, sondern in Gesellschaft
ines Falkners (mit sînem valkenære). Dieses ungefährliche Vergnügen
etrieben gern Frauen und Kinder; man hat daher aus dieser Stelle einen
Schluß auf Ortwins Alter gemacht (vgl. 448) und Str. 212 und 236
danach beurteilt.
436,4 Sie beweinte noch immer den Verlust, hatte also den Ge=
danken an Rache noch keineswegs aufgegeben. Ebenso heißt es Nib. 1062:
‚Noch heiß beweint Frau Kriemhild den Helden von Niederland‘ = sie
sinnt auf Rache.
438,1 bezieht sich auf die in 437,4 enthaltene Behauptung: es ist
notwendig, gegen die Normannen zu ziehen.
439,3 ‚weil ihre Ehre treuen Dienst erheischte.‘

441. Der Fürstin Schiffe lagen   zur Meeresfahrt bereit.
     Die edlen Gäste sollten   in früher Morgenzeit
     Am nächsten Tag aufbrechen   zu strafen alte Schmach.
     Frau Hilde hatte Sorge,   daß ihnen nichts gebrach.

442. Die Waffen ließ die Herrin   tragen drauf an Bord.
     Von Stahl die guten Helme   sah man in Menge dort;
     Auch strahlende Halsberge   wohl für fünfhundert Mann
     Hieß sie zu Schiffe bringen: aus Vorsicht ward's gethan.

443. Die Ankertaue waren   von Seide fest und schwer,
     Die Segel reich und kostbar,   damit sie über Meer
     Vom Hegelingenlande   fuhren gen Ormandin,
     Um Kudrun heimzuholen,   die junge Königin.

444. Auch wirkte ihre Anker   aus Eisen nicht der Schmied,
     Man goß sie wie die Glocken,   so meldet uns das Lied;
     Sie wurden rings beschlagen   mit Messing wundersam,
     Daß am Magnetensteine   man nicht zu Schaden kam.

445. Wate und den Seinen   manchen Goldring bot
     Die schöne Fürstin Hilde: drob lagen viele tot,
     Als er vor Hartmuts Feste   in hartem Sturm und Streit
     Samt kühnen Hegelingen   rang um die schöne Maid.

446. Gar innig bat Frau Hilde   die Herrin aus Dänemark:
     ‚Soviel ihr auch gestritten   in Männerschlachten stark,
     Ich lohn' es reichlich, Helden,   zu unser beider Ehr';
     Drum folget meinem Fähnrich   und lauschet seiner Lehr'.‘

442, 3 Halsberge, ‚ursprünglich ein geschuppter Kragen zur Be-
deckung von Hals und Schultern, dann zu einem Panzerhemd erweitert,
welches bis zu den Knieen hinabreichte' (Bötticher). Später, als die hier
an Bord geschafften Reserverüstungen zur Verteilung gelangen, wird das
Wort Brünne (Brustharnisch) gebraucht.
     444, 2 von glocken spîse gegozzen: den Grund enthält Z. 4.
Glockenspeise oder Glockengut ist eine Mischung von Kupfer und Zinn.
Der Magnetberg nimmt in der Spielmannsdichtung einen hervorragenden
Platz ein und ging von dort in das deutsche Märchen über. ‚Meine
Großmutter hatte ein Märchen vom Magnetenberg: die Schiffe, die zu
nahe kamen, wurden auf einmal alles Eisenwerks beraubt, die Nägel
flogen dem Berge zu, und die armen Elenden scheiterten zwischen den
übereinander stürzenden Brettern.‘ Goethe.
     446 Die Bitte enthält Z. 4; ihre Begründung in Z. 2, 3.

47. Sie fragten, wer das wäre? Da that sie es bekannt. (1112)
Sie sprach: ‚Es ist Herr Horant, der Held aus Dänenland.
Des Königs Hetel Schwester war einst die Mutter sein.
Traut ihm und laßt im Sturme die Fahne nicht allein.

48. Auch meines lieben Sohnes, ihr Helden, habet acht, (1113)
Wenn ihr die grimmen Feinde besteht in heißer Schlacht.
Er zählt kaum zwanzig Jahre und wuchs noch nicht zum Mann:
Drum helft ihm, gute Recken, greift man ihn feindlich an.‘

49. Sie riefen: ‚Wer ihm nahe, der hilft ihm sicher gern. (1114
Es bleibe aller Schaden dem edlen Degen fern!
Wir bringen ihn euch wieder, folgt er nur klugem Rat.‘
Wie freute sich Held Ortwin der nahen Rachethat!

50. Nun giebt es zu erzählen der Worte nicht genug, (1115)
Was man an Kostbarkeiten hinab zum Strande trug.
Die Helden heischten Urlaub, zum schweren Kampf bereit:
Frau Hilde wünschte allen des reichen Christ Geleit.

51. Der Heergesellen viele waren vaterlos. 1116
Darum war ihr Begehren nach blutiger Rache groß.
Zu Hegelingen weinte manch’ edle Mutter lind:
Bringt ihr wohl Gott im Himmel einst heim ihr liebes Kind?

52. Wer hätte solchen Jammer ruhig angehört? (1117)
Es wird durch heiße Thränen der Abschied nur erschwert.
Drum zogen sie von bannen mit hellem Schall und Klang;
Sie traten in die Schiffe mit fröhlichem Gesang.

53. Als zum Gestade drängte der kühnen Helden Schaar, (1118)
Da standen in den Fenstern die Frauen licht und klar;
Von Matelan hernieder aufs weite, wilde Meer
Blickten schöne Augen: so schied Frau Hildes Heer.

54. Laut krachten da die Masten, es weht’ ein starker Wind, (1119)
Es blähten sich die Segel. Manch edler Mutter Kind
Erhofft’ in kühnem Mute, daß Ruhm ihm blüh’ und Ehr’:
Reich wurden sie an beiden durch Kämpfe hart und schwer.

55. Auf dem Wülpensande, wo einst der Streit getobt, (1121)
Da hatten sich zu sammeln die Helden all gelobt.
Ein Kloster sah man ragen, dem Ufer nicht zu fern;
Ihm flossen reiche Spenden: denn alt und jung gab gern.

456. Wer von dem Schiff gestiegen war an das Land hinab,
Kniet' nieder zum Gebete an seines Vaters Grab.
Neu wurde in den Herzen die Rache da entfacht:
Bald fühlte sie der Normann in blutiger Männerschlacht.

457. Ich weiß nicht zu berichten was alles noch geschah;
Nur daß den Morenkönig aus Karabie man sah
Mit seinem Volke kommen, zum Rachezug bereit:
Zehntausend schnelle Degen führt' er zum heißen Streit.

458. Mit Ehren ward empfangen der Moren edler Herr.
Es fuhren seine Mannen auf zwanzig Kocken schwer.
Die Speise, die er brachte, reichte für zwanzig Jahr:
Es nahte den Normannen gewaltige Gefahr.

459. Mit ihren guten Schiffen stießen sie vom Strand.
Nicht lange währt's, da wurde den edlen Herrn bekannt
Viel schwere Müh' und Arbeit auf breiter Meeresflut:
Was half, daß Wate führte und der kühne Däne Frut'?

460. Es blies der Wind aus Süden und trieb auf hoher See
Umher die wackeren Degen — davon ward manchem weh!
Mit tausend Seilen konnten sie finden nicht den Grund:
Darüber hörte klagen man selbst der Kühnsten Mund.

461. Vor dem Berg zu Givers lag Hildes starkes Heer.
Magnetensteine zogen hinaus aufs finstre Meer
Die wohlgefügten Schiffe trotz ihrer Anker gut.
Die festen Masten neigten sich nieder bis zur Flut.

458,3 Eine starke Übertreibung; anders die Angabe in Str. 96.
460,3 Mit Seilen, die aneinander geknüpft waren, um zu loten.
461,1 Der fabelhafte Berg zu Givers ist im mons Gyber =
Monte Gibello = Aetna nachgewiesen. — 2 Das finstere Meer wird
im hohen Norden gedacht, wo der Polarwinter herrscht. Eine ver=
wandte Vorstellung ist das Lebermeer, mare concretum, das sich schon
das Altertum jenseit Thule vorstellte. In dem aus dem 11. Jahrhun=
dert stammenden, Meregarte genannten althochdeutschen Bruchstück heißt
es lebirmere: Ein Meer ist geronnen (giliberôt) In dem Weltmeer
westlich. Wenn der starke Wind Wirft die Schiffe dahin, So können
die kräftigen Fergen Sich des nicht erwehren, Sie müssen hindurch=
fahren Bis in des Meeres Mitte. Ach, ach, dann! Sie kommen
nicht von dannen. Will Gott sie nicht erlösen, So müssen sie da fau=
len. — 3 Die 444 berichteten Vorkehrungen waren also vergeblich.

462. Die Männer standen klagend   und weinend überall.   (1127)
Da rief der alte Wate: ‚Laßt fallen nun zuthal
Zur grundlosen Tiefe   die Anker fest und schwer!
Ich wüßte manche Stätte,   wo ich jetzt lieber wär'!

463. Da nun einmal verschlagen   das Heer der Königin,   (1128)
Und wir schon weit getrieben   durchs finstre Meer dahin —
Als Kind schon lauscht' ich gerne   auf einen Schiffersang:
Es birgt ein weites Reich sich   hier unterm Bergeshang.

464. Da giebt's ein schönes Leben!   So reich ist dieses Land,   (1129)
Daß selber in den Bächen   voll Silber ist der Sand.
Damit baut man die Burgen.   Und was da gilt als Stein —
Das allerbeste Gold ist's: Armut ist dort nur klein.

465. Auch hört' ich ferner sagen —   Gott schuf manch Wunder=   (1130)
                                                werk —
Wen die Magnetensteine   herziehen an den Berg,
Der möchte Gut gewinnen   für sich und sein Geschlecht,
Könnt' er des Windes harren,   der ihm zur Heimfahrt recht.

466. Laßt uns die Speise kosten!   Und wenn es uns gelingt,   (1131)
— So sprach der kluge Wate —   wir laden, daß es sinkt,
Ein jegliches der Schiffe   mit edelem Gestein:
Und kommen wir von bannen,   wir sitzen froh daheim.'

467. Da sprach der Däne Frute: ‚Eh' mir der Winde Ruh'   (1132)
Und meinen Fahrtgenossen   so übel setzet zu,
Schwör' ich mit tausend Eiden,   daß mich reizt kein Gewinn.
Trüg' mich von diesem Berge   ein Wind zur Heimat hin!'

468. Die Christennamen trugen,   die sprachen ihr Gebet.   (1133)
Daß still die Schiffe lagen   und daß kein Wind geweht,
Das währt' vier lange Tage   — fast meine ich, noch mehr.
Daß sie dort ewig blieben,   besorgte Hildes Heer.

469. Da stieg der Nebel höher,   so wie es Gott gebot;   (1134)
Die Wellen wurden stille;   es hörte auf die Not.
Die Finsternis erhellte   der lichte Sonnenschein.
Der West begann zu blasen   — nun endete die Pein.

466,1 Vgl. Nestors Worte an Hekuba in Schillers Siegesfest.

6*

470. In einer kurzen Stunde   trieb man vorbei am Berg
Wohl sechsundzwanzig Meilen: es wurde Gottes Werk
Und seine treue Hilfe   bekannt jedwedem da:
Es kamen den Magneten   die Helden allzu nah.

471. Zu fließendem Gewässer   kamen sie alsbald.
Gott wollte nicht, daß einer   dort seine Sünden galt;
Er gab nach schweren Sorgen   den Degen neuen Mut:
Es trug Frau Hildes Schiffe   gen Normandie die Flut.

472. Da rief vom Dänenlande   der kühne Held Horant:
‚Seid gutes Muts, ihr Degen;   ich bin hier wohl bekannt
Die Luft hier schadet keinem,   aus Westen bläst der Wind.‘
Drob freute sich Herr Siegfried   und all sein Ingesind.

473. Horant der schnelle,   vom Mastkorb schaut’ er aus.
Da sah er viele Wellen.   Es schweiften durchs Gebraus
Weithin seine Augen.   Da rief er: ‚Liebe Herrn!
In Ruhe mögt ihr harren.   Das Ziel ist nicht mehr fern.‘

474. Die Segel zog man nieder   auf den Schiffen all.
Sie sahen in dem Meere   eines Hügels Wall,
Und vor dem Berg erblickte   man einen weiten Wald.
Es wies dahin Herr Wate   die Helden alsobald.

475. Es sprach der weise Wate: ‚Nun traget auf den Sand
Die Schilde und die Schwerter   und alles Streitgewand!
Rührt selber euch, ihr Herren,   nicht müßig sei der Knecht!
Die Rosse soll man tummeln,   die Brünnen riemen recht.‘

476. ‚Wir sollten Boten senden‘,   sprach der Held Ortwein,
‚Die uns Kunde brächten   von der Schwester mein
Und von den Heimatlosen: lebt sie wohl noch, die Maid?
Gedenke ich der armen,   so bricht mein Herz vor Leid.‘

477. Sie fragten, wer von ihnen   der Bote solle sein,
Der ihnen Kunde bringe,   wo man die Jungfräulein
Im fremden Lande suche,   daß man sie nicht verfehlt,
Und wie man schlau die Kundschaft   vorm grimmen Feinde hehlt.

470,4 giebt noch einmal abschließend den Grund des eben berich=
teten Unglücks an.
471,1 Gegensatz zu 461,2.

478. Da sprach der Held von Ortland, der junge Herr Ortwein — (1154)
Er war ein kühner Degen — ‚Ich will der Bote sein.
Von Vater und von Mutter ist Kudrun meine Schwester.
Drum bin vom ganzen Heere ich selbst der Boten bester.‘

479. Da sprach der König Herwig: ‚Der andere bin ich! 1155
Gilt’s Leben oder Sterben, Freund, ich begleite dich.
Ist Kudrun deine Schwester, so heißet sie mein Weib:
Um ihr zu dienen laß’ ich das Leben und den Leib.‘

480. Im Zorne sprach da Wate: ‚Wie thöricht wär’ der Mut! (1156)
Ich rate euch in Treuen daß ihr es nimmer thut,
Ihr auserwählten Helden, liegt euch an eurem Heil:
Wird Hartmut euer inne, der Strang ist euer Teil.‘

481. Da gab zur Antwort Herwig: ‚Geh’s übel oder wohl — (1157)
Da Freund dem Freunde dienen in allem Drangsal soll,
So werden ich und Ortwin es lassen nimmermehr:
Wir werden Kudrun finden trotz Mühe und Beschwer.‘

482. Als nun auf Kundschaft wollten ausziehen diese zwei, 1158
Da riefen ihre Sippen und Mannen sie herbei.
Sie mahnten sie des Eides, den einstmals schwur ihr Mund:
Des sollten sie gedenken in Treue jede Stund’.

483. Da schwuren es die Mannen den Herren in die Hand — 1162
Die allerbesten waren’s — daß sie ihr Vaterland,
Mit eignem Willen nimmer wollten wiedersehn,
Folgt’ ihnen nicht Frau Kudrun, die Königstochter schön.

484. Im Kriegsrat war verhandelt bis in die Nacht hinein. (1164)
Nun war es spät geworden, es lag der Sonne Schein
Verborgen hinter Wolken über Gustrat fern:
Drum mußten dort noch bleiben die beiden kühnen Herrn.

m) Wie Kudrun die Ankunft ihrer Freunde erfuhr.

485. Nun schweigen wir von ihnen. Es wendet sich das Lied 1165
Zu denen, die von Freuden des Herren Wille schied,
Und die da waschen mußten mit Schmach in fremdem Land:
Kudrun und Hildburg wuschen noch immer auf dem Strand.

484,3 Dieser im äußersten Westen gedachte Ort ist bisher nicht
nachgewiesen, noch sein Name erklärt.

486. Zur Fastenzeit war's grade,   wohl um die Mittagsstund,
Da kam ein Schwan geschwommen.   Da sprach Frau Kudruns
Mund:
‚O weh, du schöner Vogel,   wie erbarmt mich dein so sehr,
Daß du so ohne Heimat   schwimmst auf der Flut daher!‘

487. Der armen Maid zur Antwort   gab der Engel hehr
Mit menschlicher Stimme,   als ob ein Mann er wär':
‚Von Gott bin ich ein Bote;   nun fragt mich, edle Frau,
Daß ich von euern Sippen   euch Kunde geb' genau.‘

488. Und weiter sprach der Engel: ‚Nun fasse frohen Mut,
Du heimatlose Fürstin,   denn bald wird alles gut.
Jetzt sollst du mich befragen   nach deiner Freunde Land:
Es hat dir Gott vom Himmel   zum Troste mich gesandt.‘

489. Drauf sprach die Kummerreiche: ‚Da dich zu dieser Frist
Als Tröster uns gesendet   hieher der milde Christ,
So sage mir vor allem,   zu lindern meine Pein:
Lebet noch Frau Hilde,   die liebe Mutter mein?‘

490. Da sprach der edle Bote: ‚Das kündet dir mein Mund.
Ich habe deine Mutter   gesehn, sie lebt gesund.
Sie warb ein Heer, zu lösen   dich hier aus dieser Not.
Nie folgte einer Witwe   ein größeres Aufgebot.‘

491. Darauf die edele Jungfrau: ‚Bote lieb und hehr,
Laß dich es nicht verdrießen,   befrag' ich dich noch mehr.
Ist Ortwin noch am Leben,   der König von Ortland,
Und Herwig, mein Geliebter?   Gern hätt' ich das erkannt.‘

492. Zur Antwort gab der Engel: ‚Das thue ich dir kund.
Es leben noch die Recken,   und beide sind gesund.
Sie fuhren auf den Fluten   quer durch das wilde Meer:
Sie hielten in den Händen   die Ruderstange schwer.‘

486,2 Der Schwan gilt als weissagender Vogel; in seine Gestalt
bargen sich die mit der Zukunft vertrauten Wasserweiber. Vgl. die im
Nibelungenliede 1473 fg. vorkommenden weisen Frauen, deren Federkleider
Hagen fortgenommen hat. In unserer Dichtung verdrängte diese mythi=
schen Gestalten die christliche Engel.
   492,4 Handhabung des Ruders gehörte zu den Fertigkeiten eines
Recken. So weiß Hagen, Nibelungenlied Str. 1510, das Ruder zu

493. Sie sprach: ‚Ich wüßte gerne, ob man auch vernahm, 1180
Daß aus Dänenlande der kühne Horant kam
Mit seinen guten Helben. In Sorgen ließ er mich.
Doch weiß ich ihn so wacker, er hilft mir sicherlich.'

494. ‚Es kommt aus Dänenlande Horant, der Vetter bein. 1181
Es sinnt auf mannhaft Streiten er und die Recken sein.
Er wird Frau Hildes Banner tragen in der Hand,
Wenn die aus Hegelingen kommen in dies Land.'

495. Und abermals sprach Kudrun: ‚Sag' weiter, Bote gut, 1182
Lebt Wate noch von Stürmen? Dann hab' ich guten Mut.
Des freuten wir uns alle, wenn also es geschäh',
Daß ich auch Frut' den alten bei meinem Banner säh'.'

496. Zur Antwort gab der Engel: ‚Es kommt dir in dies Land 1183
Wate auch von Stürmen. Der hält in seiner Hand
Ein starkes Steuerruder in einem Schiff mit Frut.
Nie fuhren bessere Helden zum Kampf durch Meeresflut.'

497. Da mußte sie verlassen der Bote schön und hehr. 1186
Die heimatlosen Frauen fragten ihn nichts mehr.
Sie standen in Gedanken, balb froh, balb kummervoll:
Wo mag das Heer noch weilen, das ihnen helfen soll?

498. Da kam des Tages Ende. Den Heimweg traten an 1188
Die heimatlosen Frauen. Zu schelten sie begann
Und hart sie zu bestrafen die böse Frau Gerlind.
Sie wußte nur zu zanken mit ihrem Ingesind.

499. Sie sprach zu den Jungfrauen: ‚Wer gab euch denn den Rat, 1189
So lässig auszuwaschen das Linnen und die Wat?
Auch meine weißen Pfelle bringt schmutzig ihr ins Haus:
Nehmt euch in Acht, sonst preß' ich euch manche Thräne aus.'

---

führen; er nennt sich selbst den allerbesten Fergen, den man am Rheine
fand; ebenda Str. 368 heißt es:
Eine lange Ruderstange Siegfried gewann
Womit er vom Gestade schnell abzustoßen begann;
Es nahm der kühne Gunther ein Ruder selbst zur Hand:
Da mit den hurtigen Helden hub sich das Schiff vom Strand.
499,3 phelle, pheller oder phellol (lat. palliolum von pallium)
ist ein kostbarer Seidenstoff, dann auch das daraus gefertigte Gewand.

500. Da sprach die treue Hildburg: ‚Erschöpft war unsre Kraft.
Drum zügeltet ihr billig   Jähzorn und Leidenschaft.
Uns armes Ingesinde   friert am Gestad' oft sehr.
Ja, wehten warme Winde,   wir wuschen wohl noch mehr.'

501. Und wiederum sprach Gerlind — voll Bosheit war ihr Sinn:
‚Ihr sollt nicht lange säumen.   Drum geht zum Strande hin
Und waschet meine Linnen;   ob's hagelt oder schneit,
Wenn früh der Morgen dämmert,   seid ihr zum Werk bereit.

502. Zum Palmentage reiten   viel Gäste uns ins Land,
Festliche Tage nahen,   das ist auch euch bekannt;
Sind meiner Helden Kleider   nicht sauber dann und rein,
So litt am Königshofe   kein Mägdlein herb're Pein.'

503. Sie schieden von der Argen.   Sie eilten, daß sie bald
Vom Leibe streifen konnten   die Kleider naß und kalt.
Nun wollten beide schlafen;   ihr Bett war rauh und hart:
Auf bloßer Bank ließ ruhen   Gerlind die Jungfrau'n zart.

504. Als Kudrun, die arme,   so hart gebettet lag,
Da sehnte sich ihr Herze,   daß es bald würde Tag.
Kein Schlaf bedeckt ihr Auge,   sie dachte immerfort
Der tapfern Ritter, die ihr   verhieß des Vogels Wort.

505. Sie gingen nach Gewohnheit   nieder an den Strand.
Da standen sie und wuschen   der Königin Gewand,
Das sie herabgetragen,   als noch im Schlaf die Welt:
Was half, daß kühnes Hoffen   ihr junges Herz geschwellt?

---

n) Wie Ortwin und Herwig sie fanden.

506. Lang hatten sie gespähet;   da sahen auf dem Meer
Sie zwei in einer Barke   und weiter keinen mehr.
Da sprach zu Kudrun Hildburg: ‚Ich sehe, Fraue mein,
Dort auf der See zwei fahren;   das könnten Boten sein.'

500,1 ‚Es ist ein feiner Zug, daß nicht Kudrun auf diese Vor=
würfe antwortet, da sie dies entweder zu demütig oder zu herausfordernd
hätte thun müssen.' (Martin).

502,1 Der Palmensonntag.

507. Darauf die Jammerreiche: ‚O weh, ich arme Maid! (1208)
Ich fühl’ in meinem Herzen Freude und auch Leid.
Sind es Frau Hildes Boten und finden sie mich hie
Am Ufersande waschen — die Schmach verwind’ ich nie.

508. Ich bin von Gott verlassen und weiß nicht aus noch ein: 1209
Laß mich, geliebte Freundin, von dir beraten sein.
Soll ich von hinnen weichen? Soll man in Schimpf und Schmach
Mich finden? Eher duld’ ich ewig mein Ungemach.‘

509. Da sprach zu ihr Frau Hildburg: ‚Ihr seht wohl, wie es liegt. (1210)
Drum laßt nicht mich entscheiden ein Ding, das so schwer wiegt.
Ich folge euch in allem, was ihr auch immer thut,
Ich will bei euch verweilen und leiden Bös und Gut.‘

510. Da wandten sich die beiden und gingen schnell davon. 1211
Die stolzen Degen waren so nah gekommen schon,
Daß sie die Wäscherinnen erblickten auf dem Strand:
Auch lagen schöne Kleider ringsum auf ödem Sand.

511. Sie sprangen aus der Barke und riefen hinterdrein: 1212
‚Ihr schönen Wäscherinnen, stellt euer Laufen ein!
Wir sind hier fremd im Lande, das könnt ihr deutlich sehn.
Doch bleibt ihr fern, so ist es um eure Wat geschehn.‘

512. Sie thaten, als ob der Worte nicht eines zu ihnen drang. (1213)
Und wie doch ihrer jedes in ihren Ohren klang!
Herwig, der edle König, sprach allzu barsch und laut:
Er konnte es nicht wissen, daß ihm so nah die Braut.

513. Da sprach der Vogt von Seewen: ‚Ihr minniglichen Frau’n, (1214)
Wem gehören diese Kleider? Das sollt ihr uns vertrau’n.
Gewährt uns diese Bitte um aller Mädchen Ehren:
Ihr sollt an das Gestade zu uns zurückekehren.‘

514. In ihren nassen Hemden sah man zum Strand sie gehn. 1216
Es hatten beide Frauen schon bessern Tag gesehn.
Da bebte in dem Froste das arme Ingesind,
Gering war ihre Hülle und kalt im März der Wind.

515. Mit flatterndem Haare sah man sie beide stehn. 1218
Es war das Haupt der Frauen gar stattlich anzusehn.
Doch waren ihre Locken durchnäßt vom Märzenschnee.
Mocht’s regnen oder schneien, sie traf nur bitteres Weh.

516. Es trieben allenthalben die Schollen auf dem Meer.
Das Eis begann zu schmelzen. Sie fürchteten sich sehr.
Es brang durch dünnes Linnen von ihrer Haut der Schein.
Wer mochten wohl die beiden dort auf dem Sande sein?

517. Herwig, der edle König, guten Morgen bot
Den landfremden Frauen. Solch Gruß war ihnen not;
Denn ihre strenge Herrin konnt' keifen nur und schelten.
,Guten Morgen', ,guten Abend' vernahmen sie nur selten.

518. ,Nun sollt ihr hören lassen', nahm Ortwin jetzt das Wort,
,Wes sind die reichen Kleider auf dem Gestade dort?
Für wen müßt ihr hier waschen? Herrlich seid ihr und hold!
Wie kann er euch so kränken? Ob ihm drum Gott nicht grollt?

519. So groß ist eure Schöne, daß ihr der Krone wert,
Wär' sie von edlen Eltern als Erbe euch beschert.
Als Königinnen würdet ihr haben Preis und Ehr':
Sagt an, hat eure Herrin so schöner Mägde mehr?'

520. Gar traurig sprach dawider das schöne Königskind:
,Sie hat noch manche schönre, als wir hier beide sind.
Nun fragt, was euch beliebet — sie lugt wohl von der Zinne —
Und läßt es uns entgelten, wird sie hier euer inne.'

521. ,Laßt es euch nicht verdrießen und nehmet unser Gold!
Guter Ringe viere seien euer Sold,
Auf daß ihr, schöne Frauen, nimmermehr verzagt
Und gern auf unsre Fragen uns eure Antwort sagt.'

522. ,In Gottes Namen sollt ihr behalten das Geschmeid'.
Wir nehmen euern Lohn nicht.' So sprach die edle Maid.
,Nun fragt, was euch beliebet: wir müssen heimatwärts.
Säh' man uns bei euch weilen, so träfe Leid mein Herz.'

---

521 Der Sprechende ist wie 523 Ortwin. Mit einem Goldringe
(bouc, vgl. zu 44,2) sucht auch Hagen die Neigung des Fährmanns an
der Donau, der alte Hildebrand die seines Sohnes zu erwerben. Ab=
lehnung solches Geschenkes erzürnt und beleidigt den Geber. Etzels
Boten Werbel und Swemmel empfangen von König Gunther goldenen
Lohn, doch weigert sich Werbel ihn anzunehmen; sein Herr habe es ihm
verboten, auch bedürfe er keiner Schätze.
    Es war der hehre König darob sehr ungemut,
    Daß sie verweigern wollten so reiches Königs Gut.
    Da mußten sie empfangen sein Gold und sein Gewand,
    Das sie dann mit sich brachten in ihres Herren Land.

523. ‚Wer ist des Reiches Erbe?   Und wem gehört das Land   1226
Mit all den guten Burgen?   Wie ist er genannt?
Wenn er auf Ehre sinnet   und läßt euch ohne Kleid
Im Elend dienen, mein' ich,   ihm ist kein Lob bereit.‘

524. Sie sprach: ‚Es ist der Fürsten   einer genannt Hartmut.   1227
Dem bienen rings die Lande   und feste Burgen gut.
Der andere, Herr Ludwig,   herrscht im Normannenreich.
Wer wär' wohl ihren Helden   an Ruhm und Ehren gleich?‘

525. ‚Gern würden wir sie sehen!‘   rief drauf der Held Ortwein.   1228
‚Könnt ihr den Weg uns weisen,   ihr schönen Jungfräulein,
Daß wir die Fürsten treffen   hier in ihrem Land?
Von einem reichen König   sind wir an sie gesandt.‘

526. Kudrun, die hehre,   den Helden Antwort bot: 1229
‚Es lagen beide Fürsten   heut früh ums Morgenrot
Noch in ihrem Bette,   dazu viertausend Mannen.
Ich weiß nicht, ob sie ritten,   seit dieser Zeit von dannen.‘

527. Oft hatte König Herwig   die Jungfrau angesehn.   1234
Sie däuchte ihn so herrlich   und so wunderschön,
Daß ihm aus tiefem Herzen   manch schwerer Seufzer drang.
Verglich er sie doch einer,   nach der ihm oft so bang!

528. Und wiederum sprach Ortwin: ‚Ist euch etwas bekannt,   1235 36
Von edlen Kriegsgefang'nen,   die man gebracht ins Land?
Die heimatlosen Frauen   hat man nach heißer Schlacht
In dieses Reich geführet: sie kränkt' des Kummers Macht.‘

529. Sie sprach: ‚Die ihr hier suchet,   die habe ich geschaut   1237
In harter Not und Mühe;   das sei euch anvertraut!‘
Sie hatte man vor Zeiten   geschleppt nach Normandie,
Sie selber war es, Kudrun: den Tag vergaß sie nie.

530. Da sprach der König Herwig: ‚Nun sehet, Herr Ortwein,   1238
Soll eure Schwester Kudrun   noch wo am Leben sein,
In irgend einem Lande   auf allem Erdenreich,
So ist es diese.   Nimmer sah eine ihr so gleich.‘

523,3 ist 514,1 vorbereitet.

531. ‚Wie ihr auch heißen möget,   man rühmt euch immerdar.
Einst kannt' ich einen Helden,   dem gleicht ihr ganz und gar.
Er war geheißen Herwig;   er kam aus Seeland her:
Längst hätt' er mich erlöset,   wenn er am Leben wär.‘

532. Da rief der edle Ritter: ‚Nun blickt auf meine Hand!
Wenn ihr das Gold erkennet,   bin ich euch auch bekannt.
Damit ward ich verlobet   einst Kudrun lieb und traut;
Gern führ' ich euch von hinnen,   wenn ihr's seid, meine Braut.‘

533. Da lachte sie vor Freuden.   Es sprach das Mägdelein:
‚Ich kenne wohl den Goldreif,   vor Zeiten war er mein.
Den Ring an meinem Finger   hat mir mein Freund gesandt,
Als ich noch fröhlich weilte   in meines Vaters Land.‘

534. Er blickte nach der Hand ihr: da glänzte rotes Gold.
Es sprach der edle Herwig   zur Jungfrau schön und hold:
‚Fürwahr, du bist entsprossen   aus eines Königs Haus!
Jetzt seh' ich Freud' und Wonne,   und alles Leid ist aus.‘

535. Er schloß sie in die Arme,   die herrliche Maid.
Was sie gesprochen hatten,   war ihnen lieb und leid.
Er küßte — ach, wie oft wohl! — die junge Königin,
Sie und die gute Hildburg,   die Maid mit treuem Sinn.

536. Da sprach der kühne Herwig: ‚Das müssen wir gestehn,
Es ist auf dieser Meerfahrt   uns Glück und Heil geschehn.
Nun gilt es Handanlegen,   damit in kurzer Zeit
Kudrun mit ihren Frauen   sei aus der Burg befreit.‘

537. Es stießen ab vom Strande   die beiden Degen wert.
Drob fühlt' die Königstochter   ihr Herz von Leid beschwert.
‚Einst war ich doch die hehrste,   nun schätzt man mich gering:
Wer soll mich nun beschützen,   da Herwig von mir ging?‘

538. ‚Du bist nicht die geringste,   die beste sollst du sein.
Doch hehl' es, daß du sahest   mich und den Bruder dein.
Noch eh' es morgen taget,   steh' ich schon auf dem Plan
Vor König Ludwigs Feste   mit achtzigtausend Mann.‘

535,2 liep unde leit, eine oft gebrauchte allitterierende Formel.
‚Der Schmerz des Erduldeten mischt sich mit der Freude des Wieder=
sehens‘ (Martin). Vgl. 177,4.

539. Da sprach die schöne Hildburg,　die Maid aus Irenland: 1267
　　　,Warum laßt ihr im Sande　liegen das Gewand?
　　　Wenn ihr nicht sauber waschet　die Linnen und das Kleid,
　　　So schafft euch Frau Gerlinde　mit Schlägen Herzeleid.'

540. Da rief Hildes Tochter:　,Dazu bin ich zu hoch, 1268
　　　Daß ich Gerlinds Kleider　wüsche ferner noch!
　　　Seit mich zwei Fürsten küßten　und in den Arm mich schlossen,
　　　Bin ich zu solchen Diensten　unwillig und verdrossen.'

541. Und abermals sprach Hildburg:　,Laßt es nicht leid euch sein, (1269)
　　　Wenn ich euch, Herrin, rate.　Doch wascht die Kleider rein!
　　　Wenn wir nicht fleißig schaffen　für Gerlind diesen Tag,
　　　So hagelt auf den Rücken　uns mancher schwere Schlag.'

542. Da sprach die hehre Fürstin:　,So fröhlich war ich nie. (1270)
　　　Ich fühle Trost und Wonne.　Wenn man uns morgen früh
　　　Mit Ruten selber striche,　ich wollte drum nicht sterben.
　　　Die uns so bitter kränken,　sie sollen bald verderben.

543. Nun will ich diese Kleider　tragen zu der Flut. 1271
　　　Sie sollen's auch genießen',　sprach die Fraue gut,
　　　,Daß ich aus edlem Stamme　und eine Königin.
　　　Ich werfe sie in die Wogen,　frei fließen sie dahin.'

　　　539,1 Hildburg stammt nach der Vorgeschichte aus Portugal; im folgenden Teile der Dichtung wird sie einige Male wie oben bezeichnet.
　　　541 Die hier angedeutete Behandlung der Frauen begegnet im höfischen wie im volkstümlichen Epos. Wolfram von Eschenbach erzählt, wie an Artus Hofe eine Dame, Cunneware, die niemals lachte, ihren Ernst beim Anblick des nach Thorenart gekleideten Parzival vergaß.
　　　Da lacht ihr minniglicher Mund:
　　　Drob ward ihr Rücken ungesund.
　　　Es griff des argen Keie Hand
　　　Frau Cunneware de Laland
　　　An ihr krauses Lockenhaar.
　　　Ihre langen Zöpfe klar
　　　Wand er rings um seine Hand
　　　Und flocht sie ein ohn' jedes Band.　　　[berührt]
　　　Ihrem Rücken ward kein Eid gestabt. (mit des Richters Stabe
　　　Ein Stab jedoch ward drauf geklappt,
　　　Daß es durch Kleid und Haut ihr drang,
　　　Eh' noch sein Sausen ganz verklang.
Bekannt ist die üble Behandlung, die Siegfried seinem Weibe Nib. 837,2 wegen ihrer Schwatzhaftigkeit zuteil werden läßt.
　　　543,4 Auch die Kleider sollen vom Dienst bei Gerlind befreit sein.

544. Was Hildeburg auch jagte, Kudrun trug zur Flut
Gerlinds reiche Stoffe. Zornig war ihr Mut.
Sie schleudert' in die Wellen weithin sie von der Hand.
Sie schwammen eine Weile: weiß nicht, ob wer sie fand!

545. Nun sank die Nacht hernieder, des Tages Licht zerrann.
Es stieg mit schwerer Bürde Hildburg zur Burg hinan.
Sie trug mit vielen andern sechs Seidenkleider schön.
Doch sah man Kudrun ledig bei ihrer Freundin gehn.

546. Es war schon spät geworden. Da kamen sie ans Thor
Von König Ludwigs Feste. Frau Gerlind stand davor
Und harrt' mit argem Mute auf ihre Mägde dort.
Die Wäscherinnen grüßte sie bald mit hartem Wort.

547. Es sprach die böse Wölfin: ,Wo blieb die Seide mein?
Leb' ich noch eine Weile, schaff' ich dir Weh und Pein.
Daß müßig deine Hände heut lagen in dem Schoß,
Das sollst du mir entgelten, und deine Not wird groß.'

548. Zur Antwort gab ihr Kudrun: ,Ich ließ sie liegen dort
Unten an dem Strande. Als ich sie wollte fort
Mit mir zu Hofe tragen, da waren sie zu schwer.
Ja, es verschlägt mir wenig, seht ihr sie nimmermehr.'

549. Die Teufelin rief wieder: ,Das bringt dir nicht Gewinn!
Noch eh' ich schlafen gehe, beug' ich den stolzen Sinn.'
Da hieß zum Besen binden sie manchen scharfen Dorn.
Wie wenig es sich ziemte, vergaß Gerlindens Zorn.

550. Gar listig sprach da Kudrun: ,Das sei euch nun gesagt:
Wenn ihr mit diesen Ruten mich heute Abend schlagt,
So wird euch schlimm vergolten, wann man mich einst wird sehn
Bei einem reichen König im Schmuck der Krone stehn.

544,4 ironisch = sie waren für immer verloren.
549,1 ebenfalls Fronie = das soll dir übel bekommen. — 3 ûz
dornen besemen binden: mhd. beseme, (nhd. Besem — Luther:
Lukas 11, 25 — Besen) bedeutet 1) die Rute, Gerte, 2) ein Bündel
Ruten, sei es zum Zweck der Züchtigung, sei es als Werkzeug der Rei-
nigung (Kehrbesen) zusammengebunden.

551. Auf daß mit solcher Hofzucht ihr weiter mich nicht plagt, 1285
Will ich mit Freuden minnen, dem ich's bisher versagt.
Ich will als Herrin walten hier im Normannenland:
Hab' ich Gewalt, so thu' ich, was keiner je geahnt.'

552. ,Nun ist mein Zorn vergangen', sprach fröhlich Frau Gerlind, 1286
,Und wenn auch tausend Kleider mir heut verloren sind,
Was frage ich nach ihnen! Auch dir kommt es zu gut,
Erwählst du dir zum Gatten den edlen Held Hartmut.'

553. Die ihre Reden hörten, liefen eilend fort 1288
Und sagten ihrem Herren der schönen Jungfrau Wort.
Fürst Hartmut war gesessen in seiner Mannen Ring.
Da riet ihm ihrer einer, daß er zu Kudrun ging.

554. Er sprach zu seinem Herren: ,Gebt mir das Botenbrot! 1289
Frau Hildes schöne Tochter euch ihren Dienst entbot,
Wenn ihr nur kommen wolltet in ihre Kammer traut.
Nun hat sie sich besonnen! Bald ist sie eure Braut.'

555. Da rief der edle Ritter: ,Du lügst ohn' alle Not. 1290
Ja, wäre wahr die Kunde, ich gäb' zum Botenbrot
Dir viele reiche Hufen, der besten Burgen drei
Und sechzig goldene Ringe: von Kummer wär' ich frei.'

556. ,Ich hab' es auch vernommen', fiel da ein andrer ein; 1291
,Zu Hofe sollt ihr gehen. Ein Teil des Guts sei mein!

551,4 Doppelsinniger Ausdruck und offenbar eine versteckte Drohung.
554,1 Botenbrot: ,Dem Boten, wenn er geworben, d. h. seines
Auftrags sich entledigt hatte, wurden von dem, an welchen er entsandt
war, drei Schnitten Brots vorgelegt' D. Wb. 2, 274 mit einer Beleg=
stelle aus dem 16. Jhd. Doch zeigen mhd. Stellen, daß diese ursprüng=
liche Bedeutung schon im 12. Jhd. vergessen und an ihre Stelle der all=
gemeine Begriff einer Gabe getreten war. — 3 Sie erwartet, daß er
noch einmal vor sie treten und seine Werbung wiederholen wird.
555,1 Auch in der Vorgeschichte erwidert Sigeband denen, die ihm
Hagens Ankunft melden: ,Ihr betrügt mich ohne Not.' Ähnlich Nib. 1481
Hagen zu den Donauweibern: ,Ihr betrügt mich ohne Not! Wie sollte
es sich fügen, daß wir alle tot In der Fremde blieben, da uns doch
keiner grollt?'
556,2 ,Ein unvermutet erworbenes, ungesucht gefundenes Gut ist
der Finder verpflichtet mit einem gleichzeitig Daraufstoßenden zu teilen.'
Martin, der auf Wallensteins Lager Sc. 3 verweist:
Seht nur, wie der den Kroaten prellt!
Halbpart, Schütze, so will ich schweigen.
Vgl. auch Lessing, Juden, Ende des ersten Auftritts.

Es sprach die edle Jungfrau, sie wähle euch zum Herrn
Und trüg', wär's euer Wille, des Landes Krone gern.'

557. Des sagte König Hartmut dem Boten vielen Dank.
Wie fröhlich da vom Sessel der edle Degen sprang!
Er wähnte, Gott wollt' schenken ihm nun der Minne Gut.
Es eilte zu der Jungfrau der Degen frohgemut.

558. Mit Thränen in den Augen begrüßte ihn die Maid.
Es stand die schöne Fürstin vor ihm in nassem Kleid.
Sie ging dem Herrn entgegen und trat dicht vor ihn hin:
Wie gern umschlöß' der Degen die edle Königin!

559. Sie sprach: ,Mit nichten, Hartmut! Wie könnte das geschehn?
Euch tadelten die Leute, wenn sie es je gesehn.
Ihr seid ein reicher König, ich eine Wäscherin:
Mich liebend zu umfangen komm' euch nicht in den Sinn.'

560. Er wußte, was sich ziemte; er blieb nicht bei ihr stehn.
Er sprach: ,Willst du mich minnen, Jungfrau hehr und schön,
So will ich es vergelten, ich und die Freunde mein.
Was du dir selber wünschest, es soll dein eigen sein.'

561. Da sprach die edle Jungfrau: ,So gut ward mir es nie!
Soll ich, die Gottesarme, nun gebieten hie,
So ford're ich vor allem nach Mühe und Arbeit,
Mir sei, eh' ich heut schlafe, ein schönes Bad bereit.

562. Das andre, das ich heische, ist, daß ich möge schau'n,
Die mit mir hergekommen, die edelen Jungfrau'n.
Es weilen wohl die guten hier in der Mägde Schwarm.
Daß sie Frau Gerlind dienen, schafft meinem Herzen Harm.'

563. ,Das will ich gerne leisten', sprach da der Held Hartmut.
Bald rief man aus dem Pesel die edlen Frauen gut.
Mit arg zerzausten Haaren und mit zerrissenem Kleid
Ging manche da zu Hofe. Das schuf Frau Gerlinds Neid.

564. Es traten dreiundsechszig hervor aus dem Gemach.
Zu König Hartmut traurig die edle Kudrun sprach:
,Nun schauet, reicher König! Bringt das euch Ruhm und Ehr'?
Wie schlecht sind sie gehalten!' — ,So gescheh' es nimmermehr.

565. Ich sähe gern sie stehen   bei euch in besserem Kleid.'   — 1303
Schnell war indes für Kudrun   das warme Bad bereit.
Ihr Kämmerer ward mancher   aus Herrn Hartmuts Ge=
schlechte,
Auf daß sie seines Dienstes   in Gnaden einst gedächte.

566. Es ward alsbald gebadet   die herrliche Maid   (1304)
Mit ihren schönen Frauen.   Das allerbeste Kleid,
Das jemand haben konnte,   ward jeder da zuteil:
Die geringste sein zu nennen,   schien manchem König Heil.

567. Als sie gebadet waren,   da brachte man den Wein: 1305
Rings im Normannenlande   konnt' er nicht besser sein.
Auch brachte man den Frauen   des guten Mets genug.
Wie konnte Hartmut ahnen,   daß alles Lug und Trug?

568. Da saß in weitem Saale   manch minnigliches Kind.   (1306)
Auch ihre Tochter Ortrun   ließ rufen Frau Gerlind.
Sie sollte herrlich schmücken   sich samt den Frauen schön
Und Kudrun zu begrüßen   eilend zu Hofe gehn.

569. Es hüllte sich schön Ortrun   in köstliches Gewand   (1307)
Und ging in frohem Mute,   wo sie die Fürstin fand;
Ihr aber schritt entgegen   Frau Hildes Töchterlein:
Wer beide Frauen ansah,   der mußte fröhlich sein.

570. Da küßten sich in Liebe   die Frauen schön und holb.   (1308)
Wie glänzten ihre Wangen   unter des Schapels Gold!
Doch war ihr Sinn gar ungleich: Ortrun war hoch erfreut,
Daß die jüngst waschen mußte,   jetzt trug ein prunkend Kleid.

567,3 Volkstümliche Dichtungen erwähnen gern neben dem Weine
den altgermanischen Met, ein aus Honig bereitetes Getränk. Er ‚wett=
eiferte mit dem Biere um die Gunst und errang mehrfach den Sieg, so
daß er für vornehmer und köstlicher geschätzt wurde.' Später tritt er
hinter Bier und Wein zurück und ist nicht mehr allgemein bekannt.

570,2 Goldener Kopfputz wird bei Männern und Frauen oft er=
wähnt.   Das schapel bestand entweder aus einem natürlichen Laub=
und Blumengewinde oder aus einer Schnur, einer Borte (vgl. Nibl.
Holtzmann 579: Da sah man blonde Mägdlein unter lichten Borten
gehen), einem Goldreif, der mit Perlen und Edelsteinen geschmückt war.

571. Es freute sich Frau Kudrun nach allem Leid und Weh,
Daß sie die lieben Freunde jetzt wußte in der Näh'.
Liebkosend bei einander saßen beide Frauen:
Froh wurden alle Herzen, wohin man mochte schauen.

572. In mädchenhafter Schlauheit sprach die Fürstin gut:
‚Ihr sollet Boten senden, mein lieber Herr Hartmut,
In eure weiten Lande, wenn es euch so steht an,
Daß eure besten Freunde herkommen Mann für Mann.‘

573. Es war gar schlau erwogen. Was man an Boten fand,
Hundert oder mehr noch, wurde ausgesandt.
Der Feinde Schar wird kleiner, wenn stolz im Eisenkleid
Die Hegelinge kommen: so dachte klug die Maid.

574. Von dannen ging Herr Hartmut. Mit Speisen und mit Wein
Trat um den Frauen zu dienen jetzt Schenk und Truchseß ein.
Die stolze Maid zu pflegen befliß sich jedermann.
Wie da die Heimatferne manch edlen Freund gewann!

575. Da sprach aus Hegelingen eine Jungfrau schön:
‚Wenn wir daran gedenken, so muß uns Leid geschehn.
Nun müssen wir hier bleiben, wo man uns hält mit Macht
Zu unserm bittern Kummer: wer hätte das gedacht?‘

576. Es flossen ihre Thränen vor Kudruns Angesicht.
Da sparten auch die andern die heißen Zähren nicht.
Sie dachten voller Sorge an ihren herben Schmerz.
Naß wurden ihre Augen. Drob lachte Kudruns Herz.

577. Es fragte ihr Gesinde die Fürstentochter schön,
Ob man ihr Bett bereitet, sie wolle schlafen gehn.
Zu ihrem Dienste standen die Kämmerer schon bereit.
In dieser Nacht umfing sie kein nagend Herzeleid.

578. Zur Kammer trugen Knaben vor ihr manch helles Licht.
Es kannte solche Ehren bisher die Arme nicht.
Wohl dreißig Betten waren gerüstet oder mehr,
Da sollten sorglos schlummern die Rittertöchter hehr.

579. Es sprach zu Hartmuts Mannen die junge Königin:
‚Nun sollt ihr schlafen gehen! Nach Ruhe steht der Sinn
Mir und den andern Frauen. Die ward uns nicht bekannt,
Seit wir hierher gekommen in der Normannen Land.‘

580. Es folgte dem Gebote, wer in der Kammer war,
Die Weifen wie die Thoren. Herrn Hartmuts Heldenschaar
Sucht' auf die Lagerstätten. Den edlen Mägdelein
Schenkte man in Fülle den Met und auch den Wein. `1329`

581. Da sprach Frau Hildes Tochter: ‚Nun schließet mir die Thür!‘
Da schoben sie behende davor der Riegel vier.
Es war die Kemenate gar dicht und fest gebaut:
Es drang durch Thür und Mauern hinaus kein einziger Laut. `1330`

582. Da saßen nun die Frauen und tranken guten Wein.
Es sprach die Königstochter: ‚Ihr mögt wohl fröhlich sein!
Euch ward das Leben lange verleidet und vergällt!
Doch sollt ihr morgen schauen, was euerm Sinn gefällt. `1331`

583. Ich habe heut geküsset Herwig, meinen Mann,
Und Ortwin, meinen Bruder. Hört meine Worte an:
Wer Reichtum will gewinnen und werden sorgenfrei,
Die künde mir den Morgen, wenn diese Nacht vorbei.‘ `1332`

584. Sie legten sich zur Ruhe. Voll Freude war ihr Mut.
Sie wußten, daß schon nahe manch tapfrer Ritter gut.
Der Freunde Hilfe nahte und endigte die Pein,
Wie schlug ihr Herz entgegen dem Morgensonnenschein! `1334`

o) Wie Herwig und Ortwin wieder zum Heere kamen.

585. Nun höret eine Mähre, wie keiner sie vernahm!
Ortwin, der junge König, mit seinem Freunde kam
Zu seinen guten Recken, die lagerten am Meer;
Entgegen lief den Herren der Hegelinge Heer. `1335`

586. Bald hatten um die Fürsten die Ritter sich geschart.
Man fragte, was sie schauten auf ihrer kühnen Fahrt.
Da sprach der Degen Ortwin: ‚Ich will euch Rede stehn.
Wohl wünsch' ich, daß ich nimmer so gräuliches gesehn. `1338`

580,2 Weise und Thoren bezeichnet einfach die Gesamtheit; vgl.
oben zu 138.

7*

587. Vernehmt ein großes Wunder,   das heute hier geschah,
Und daß ich meine Schwester,   die schöne Kudrun, sah,
Auch Hildeburg von Irland,   die Maid mit treuem Herzen.'
Da meinte mancher Degen,   die Herren wollten scherzen.

588. ‚Nun fragt den Fürsten Herwig.   Auch er hat sie gesehn
So elend, daß uns konnte   kein herberes Leid geschehn.
Nun denket, meine Sippen,   wie schwer uns drückt die Schande:
Es wuschen beide Frauen   am wilden Meeresstrande.'

589. Es rann aus aller Augen   der bitteren Thränen Flut.
Da sprach der alte Wate   in grimmes Zornes Wut:
‚Ihr klagt wie alte Weiber   und wißt doch nicht um was.
Gar übel an steht Helden   solch Jammer ohne Maß.

590. Wollt ihr der schönen Kudrun   helfen aus der Not,
So färbt mit Schwertesschlägen   die lichten Kleider rot,
Die ihre weißen Hände   wuschen in der See.
Mit ritterlichem Dienste   kürzt ihres Elends Weh.

591. Die Luft ist klar und heiter.   Der helle Mondenschein
Durchleuchtet das Gefilde;   drob muß ich fröhlich sein.
Drum sollt ihr, wackre Helden,   nunmehr von hinnen gehn
Und morgen, eh' es taget,   vor Ludwigs Feste stehn.'

592. Da war vorbei die Ruhe.   Das kam von Wates Rat.
Sie brachten in die Schiffe   Rosse und Kriegeswat.
Sie eilten, was sie konnten,   bis man die Burg erschaute.
Da traten sie ans Ufer,   eh' noch der Morgen graute.

593. Nun stieg am Himmelszelte   der Morgenstern empor.
Da trat ein schönes Mägdlein   aus dem Gemach hervor.
Sie spähte, ob es helle   schon auf dem Erdenrund.
Es winkte reicher Lohn ihr,   that sie es Kudrun kund.

590,4 Sô mac si komen ûz ir ellende: Elend in der ursprüng-
lichen Bedeutung ‚Wohnen im Ausland'. Eine schöne Wendung ist
‚Das Elend bauen' = im fremden Lande wohnen. Vgl. Luther,
2. Mos. 3, 17: ich will euch aus dem Elende Egypti führen. Goethe,
Hermann und Dorothea: Streifen nicht herrliche Männer von hoher
Geburt nun im Elend?

594. Da sah die edle Jungfrau des neuen Morgens Licht,   (1356)
      Und wo das Meer erglänzte, da funkelte es dicht
      Von Helmen und von Speeren und manchem festen Schild:
      Die Burg war eingeschlossen, besetzt rings das Gefild.

595. Da ging sie in die Kammer, wo sie die Fürstin fand.   1357
      ‚Nun wachet, edle Herrin! Besetzt ist rings das Land
      Und diese Burg umlagert von starker Feinde Schwarm:
      Die Freunde sind gekommen, vorbei ist unser Harm!‘

596. Noch regte auf dem Burghof kein Arm sich und kein Huf. 1360
      Da schallte von dem Turme des Wächters schriller Ruf:
      ‚Wohl auf, ihr stolzen Recken! Holt schnell das Schwert hervor!
      Zu lang’ habt ihr geschlafen, der Feind steht vor dem Thor.‘

597. Als das vernahm Frau Gerlind, Herrn Ludwigs Königin, 1361
      Wie fuhr es da der Wölfin durch ihren argen Sinn!
      Sie stieg auf eine Zinne und blickte rings umher:
      Da ward ob all der Gäste ihr Herz von Leide schwer.

598. Sie eilte in die Kammer, wo sie den König fand.   1362
      ‚Wacht auf, wacht auf, Herr Ludwig! Die Burg, das
                                                weite Land,
      Sie sind ummauert furchtbar von einem Feindesheer:
      Daß Kudrun gestern fröhlich, büßt mancher Held heut schwer.‘

599. ‚Schweig still‘, sprach König Ludwig, ‚ich selber will sie sehn. 1363
      Wir müssen alle dulden, was uns soll geschehn.‘
      Es schritt der greise König nach seinem Palas weit:
      Des Tages hatt’ er Gäste, die schufen bittres Leid.

600. Da ließ er ruhig schlafen die Mannen allzumal.   1366
      Herr Ludwig und Herr Hartmut traten in den Saal
      Und schauten durch ein Fenster. Als er die Fremden sah,
      Da rief der kühne Hartmut: ‚Schon sind sie allzu nah!

599,3 Lateinisches palatium ergab 1) palas mit der schon mhd.
vorkommenden Nebenform palast und 2) phalenze, phalze, Pfalz. Der
palas ist das Wohnhaus des Burgherrn. Im Erdgeschoß befand sich
die Küche, darüber der Saal, zu dem vom Hofe aus eine Freitreppe
führte. Ludwig begiebt sich dahin, um eine weite Aussicht zu haben.
Da in dem Saale des palas die Gäste bewirtet wurden, so ergiebt sich
die Schlußzeile der Strophe dem Dichter aus dem Begriffe palas.

601. Ich sehe eine Fahne, weißer als ein Schwan,
Manch goldgesticktes Zeichen erblicket ihr daran.
Die sandte uns Frau Hilde her ins Normannenland.
Noch eh' der Abend dämmert, wird uns viel Haß bekannt.'

602. ‚Wohlauf denn‘, rief Herr Hartmut, ‚zum Kampf, ihr Degen
mein!
Es soll mit grimmen Gästen heut gestritten sein.
Die sind zu nah geritten vor dieser Feste Thor.
Mit starken Schwertesschlägen empfangt sie drum davor.‘

603. Da sprangen aus den Betten die Schläfer schnell bereit;
Sie heischten kampfesmutig ihr schimmernd Waffenkleid.
Des Herren Reich zu schirmen trug jeglicher Begehr:
Wohl vierzighundert Recken ergriffen Schild und Speer.

604. Nun ging es an ein Fechten! Der Held aus Stürmenland
Begann ein Horn zu blasen, daß man es übers Land
Wohl dreißig Meilen hörte von seiner großen Kraft.
Zu ihrem Zeichen eilte Frau Hildes Ritterschaft.

605. Er blies zum zweiten Male, daß auf des Hornes Klang
Ein jeglicher der Recken sich in den Sattel schwang,
Daß man die Scharen reihte mit Emsigkeit und Fleiß.
Nie sah man einen Recken so stark und doch so greis.

606. Zum dritten Male blies er; das klang so stark und voll,
Daß rings der Boden bebte, der Wogen Schwall erscholl.
Es zitterten die Steine in fester Mauer Wand.
Da hob Frau Hildes Banner der kühne Held Horand.

604,2 Der Führer trägt in der germanischen Heldenzeit ein Sig=
nalhorn. Man denke an das Horn Rolands. Seine wunderbare Wir=
kung schildert der Pfaffe Konrad im Rolandsliede: Da nahm der Held
Roland Sein Horn in die Hand, Blies es mit voller Kraft, Daß
dem Götzen Apoll Und Machmet, seinem Gesellen, Die Kraft sank;
Es verwandelte sich ihre Stimme, Furcht fuhr in sie. Die steinernen
Tempel zitterten, Die Heiden verzagten, Die Erde bebte, Die Fische
spielten, Die Vögel sangen schön, Die Berge erklangen, Viele (Men=
schen) lagen wie tot: Da war der Jammer groß!

607. Still ward es im Gefilde,   man hörte keinen Laut.   1395
Sie fürchteten den Alten.   Herrn Herwigs schöne Braut
Stand oben in der Zinne.   Wie freute sich die Maid
Der jungen Hegelinge   im schmucken Waffenkleid!

608. Nun drang der kühne Hartmut   mit seiner Schar hervor —   1396
Sie trugen starke Panzer —   aus seiner Feste Thor.
Auf beiden Seiten strahlte   der guten Helme Glanz.
Fürwahr! nicht ritt der König   allein zum Kriegestanz.

609. Da ritt der edle Hartmut   vor der Schar einher.   1403
Wenn er ein Kaiser wäre,   er könnte nimmermehr
Mit höherem Mute streiten.   Es glänzt im Sonnenschein
Sein prächtig Kriegsgeschmeide: wohl mocht' er tapfer sein.

610. Da nahm der Degen Hartmut   den edlen Ortwin wahr.   1407
Er kannte nicht den Gegner,   doch spornt' er vor der Schar
Sein Roß, in weiten Sätzen   drang ein er auf Ortwin;
Es senkt' den Speer ein jeder: da sah man Funken sprühn.

611. Die beiden Herren rannten   sich an mit scharfem Stoß.   (1408)
Da stürzte in die Kniee   Herrn Ortwins gutes Roß.
Auch Hartmuts starker Renner   sank nieder in den Sand:
So wurde beiden Rossen   der Herren Zorn bekannt.

612. Es sprangen auf die Rosse.   Nun hob sich heller Klang   1409
Von der Helden Schwertern: man wußte ihnen Dank,
Daß sie den Streit begannen   so kühn und ritterlich.
Mut kannten alle beide;   dem andern keiner wich.

607,3 Man steht (sitzt) ûf, an oder in der zinne. Vgl. 626,4.
Die Zinne ist zunächst ein regelmäßig durchbrochener Mauerkranz auf
der Plattform der Burgmauer oder des Turmes, zuweilen auch die so
ummauerte Plattform selbst. Die Lücken des Mauerkranzes gestatteten
eine Fernsicht (520,3, 597,3); sie hießen Fenster (647,2).
    610—613 Schilderung eines ernsthaften ritterlichen Kampfes (im
höfischen Epos tjost genannt). Die Gegner geben dem Rosse die Spo=
ren, dann sprengen sie aufeinander mit eingelegter Lanze los. Vom
Anprall der Lanzen werden die Rosse auf den Boden geschleudert und
sitzen wenigstens ‚auf den Hächsen‘ (Kniebug der Hinterbeine); gleich=
zeitig zersplittern die Lanzenschäfte. Nun muß zum Schwerte gegriffen
werden. Meist steigen die Ritter vor dem Schwertkampfe ab, seltener
wird der Kampf zu Pferde fortgesetzt. S. die Abbildung bei Henne am
Rhyn I, 204.

613. Da ward der junge Ortwin von Hartmuts Schwert gefällt:
Es schlug durch Helm und Haube von Ormanie der Held.
Mit Blut ward überströmet des Degen Brünne klar:
Da gab es manchen Recken, dem trüb' zu Mute war.

614. Und als der Däne Horant sah, daß Herr Ortwin wund,
Da hub er an zu fragen: ,Ihr Helden, thut mir kund,
Wer schlug die tiefe Wunde wohl unserm lieben Herrn?'
Da lachte stolz Herr Hartmut: er hielt nicht allzu fern.

615. Zur Antwort gab ihm Ortwin: ,Herr Hartmut hat's gethan.'
Da reichte seinem Nachbar Horant Frau Hildes Fahn'.
Die wußte er zu führen, wie es gebot die Pflicht.
Nun drang er ein auf Hartmut und schonte seiner nicht.

616. Rings um sich hörte Hartmut ungefügen Schall.
Da sah das Blut er fließen in Strömen hin zuthal
Aus manches Helden Wunde. Schon lagen viele tot.
Er rief: ,Nun will ich rächen der lieben Freunde Not.'

617. Da wandte sich der Kühne, wo er Herrn Horant fand.
Von beider Helden Schlägen sprühte aus Schildesrand
Und aus den Panzerringen der Funken lichter Flug;
Der Schwerter Schneiden bogen sich auf der Helme Bug.

618. Er schlug den Degen Horant durch des Helmes Dach,
Wie jüngst den kühnen Ortwin, daß ein roter Bach
Floß aus seinen Ringen von Hartmuts starker Hand:
Wen möcht' es wohl gelüsten nach solches Fürsten Land?

619. Laut rief der edle Herwig: ,Wer ist der Alte da?
Von seinen starken Händen schon vieles Leid geschah.
Er schlägt so tiefe Wunden mit seiner großen Kraft,
Daß er daheim den Frauen viel Not und Wehe schafft.'

620. Das hörte König Ludwig, der Held von Normandie.
,Wer ist's, der im Getümmel dort so gewaltig schrie?
Ich heiße König Ludwig und Normandie mein Reich.
Wer mich zum Kampfe fordert, dem achte ich mich gleich.'

618,4 Niemand wagte einen so gewaltigen Herrn anzugreifen.

621. Er sprach: ‚Ich heiße Herwig, und du stahlst mir mein Weib. 1435
Das sollst du wiedergeben, oder tot liegt hier ein Leib —
Der meine oder deine — und dazu mancher Held.'
Herr Ludwig drauf: ‚Mit Drohen hast du dich mir gestellt.

622. Doch sprachst du deine Beichte wahrhaftig ohne Not. 1436
Ich schlug schon manchem andern die Anverwandten tot
Und nahm ihm seine Habe. Du, prahle nicht zu sehr:
Die Gattin, die du forderst, küssest du nimmermehr.'

623. Kaum war das Wort gesprochen, da sprengten sie heran, 1437
Beide an einander. Mancher kühne Mann
Sprang aus der Recken Scharen in des Getümmels Drang:
Es mußte heiß sich mühen, wer da den Sieg errang.

624. Wohl war Herr Herwig wacker und seiner Stärke froh. 1438
Doch schlug Herrn Hartmuts Vater den jungen König so,
Daß er begann zu sinken vor Ludwigs rauher Hand:
Gern hätt' er ihn auf ewig getrennt vom Vaterland.

625. Wär' nicht so nah gewesen, Herrn Herwigs gutes Heer, 1439
Das vor dem Feind ihn schützte, er wäre nimmermehr
Von Ludwig geschieden anders als im Tod.
Den jungen Herren brachte der Held in große Not.

626. Sie halfen, daß das Fechten kein böses Ende nahm. 1440
Als er von seinem Falle nun wieder zu sich kam,
Da hat nach einer Zinne er schnell emporgeschaut,
Ob er darin erblickte wohl seines Herzens Traut.

---

p) Wie Herwig Ludwig erschlug.

627. Er dacht' in seinem Herzen: ‚Ach, wie ist mir geschehn! 1441
Wenn meine Herrin Kudrun hat meinen Fall gesehn,
Und wenn ich einst zum Weibe die Königin gewinne,
So wird sie mich drum schelten und weigern mir die Minne.

622,1 Beichte, spöttisch = was du geredet hast. — 4 Androhung des Todes.

628. Daß mich der greise Recke hier hat zu Fall gebracht,
Muß billig mich beschämen.' Da hieß zu neuer Schlacht
Er seine Zeichen tragen dahin, wo Ludwig stand:
Nach drängten seine Helden mit Speer und Schildesrand.

629. In Ludwigs Rücken tobte der Hegelinge Heer.
Er kehrte sich zum Feinde und setzte sich zur Wehr.
Da rasselten die Hiebe, da krachte mancher Schaft:
Die in der Nähe standen, erprobten Ludwigs Kraft.

630. Es traf Kudruns Geliebter unterm Helm und überm Rand
Den alten König Ludwig mit heldenstarker Hand.
Er schlug ihm eine Wunde, daß man nicht länger stritt:
Da wars, wo König Ludwig den grimmen Tod erlitt.

631. Zum zweiten Male schlug er ihm einen festen Schlag,
Davon das Haupt des Königs am blutigen Boden lag.
So hatte er's vergolten, daß Ludwig ihn gefällt.
Naß wurden viele Augen: tot war der kühne Held.

632. Da sprach zu seinen Mannen Hartmut, der Recke gut:
‚Nun kehrt mit mir von hinnen. Hier liegt in seinem Blut
Manch Degen, der uns drohte in diesem harten Streit.
Wir bergen in der Burg uns, bis günstiger die Zeit.'

633. Sie ließen auf der Wahlstatt viel Helden todesbleich.
Wenn sie ihr Eigen schirmten und nicht des Fürsten Reich,
Sie könnten es nicht besser. Schon sprang das Burgthor auf:
Da hemmt' mit tausend Recken Herr Wate ihren Lauf.

634. Der war vors Thor gedrungen mit seines Heeres Kraft,
Wohin auch Hartmut eilte mit seiner Ritterschaft.
Flog auch von hoher Zinne herab manch schwerer Stein,
Mußt' er doch ferne bleiben: der Feind ließ ihn nicht ein.

630,1 zwischen Helm und Schild, den beiden Schutzwaffen.
634,4 er = Hartmut.

635. Auf Waten und die Seinen. schoß man sonder Wahl, (1455)
Als ob ein Hagelschauer fiel aus der Luft zuthal.
Mocht's treffen oder fehlen, der Alte achtet's nicht,
Er benkt nur wie im Kampfe er noch den Sieg erficht.

636. Als Hartmut ihn erblickte dort vor der Burg, am Thor, 1456
Da sprach er: ‚Unsre Sünde kommt nun ans Licht hervor.
Heut wird, was sie verdienten, an allen offenbar.
Nun hüte sich ein jeder: groß wird der Toten Schar.

637. Es muß mich ewig schmerzen, daß meiner Feinde Zahl (1457)
Ist so gewaltig worden. Wate schwingt den Stahl
Da drüben vor dem Burgthor und mit ihm mancher Held.
Soll er hier Pförtner spielen, ist's schlimm mit uns bestellt.

638. Nun kann ich doch nicht fliegen, hab' keine Federn nicht, 1463
Nicht in die Erde tauchen, was mich auch hier anficht;
Auch birgt uns vor den Feinden kein tiefer Meeresschlund:
Drum thu' ich meinen Willen, so gut ich kann, euch kund.

639. Es kann nicht anders werden, ihr edlen Ritter gut. 1464
Steigt ab von euerm Rosse und haut das heiße Blut
Aus hellen Panzerringen; seht drum nicht sauer drein!'
Da räumten flugs den Sattel die Ritter insgemein.

640. ‚Nun drauf, ihr wackern Recken', sprach da der Held Hartmut, 1465
‚Dringt näher an die Mauer — wird's übel oder gut,
Gleichviel, ich muß an Wate, wie mir es auch gedeih':
Ich will es doch versuchen, ob er das Thor giebt frei.'

---

638 Zu dieser trefflichen Strophe bemerken die Erklärer, daß der Wunsch sich zu verwandeln, um den Feinden oder einer Gefahr zu entkommen, altepisch ist. Sie verweisen u. a. auf Wolframs Willehalm 61: Nun hab' ich mehr der Sorgen, Als je im Herzen mir erwuchs. Könnt' ich entschlüpfen wie der Fuchs, Daß mich beschiene nie der Tag! Und auf Herodot 4, 132: Vermögt ihr Perser nicht als Vögel die Lüfte zu durchschneiden, oder als Mäuse unter die Erde zu schlüpfen, oder als Frösche in die Sümpfe zu springen, so werdet ihr, von diesen Pfeilen getroffen, umkommen. Auch Uhland macht in König Karls Meerfahrt von einer solchen Wendung Gebrauch. — 1 ‚In unserer Sprache ist es hergebracht, in einem negativen Satze außer der Hauptverneinung auch andere der Verneinung fähige Wörter negativ zu fassen, so daß diese gehäuften Verneinungen nicht auf einander wirken, einander aufhebend, sondern einander unterstützend auf einen Punkt wirken, der zu verneinen ist.' D. Wb. 5, 461.

641. Nun drangen auf die Feinde   mit hoch erhobenem Schwert
     Hartmut, der kühne Degen,   und mancher Recke wert.
     Er schlug den grimmen Wate,   den pries darum die Welt.
     Wie klangen da die Schwerter!   Wie sank da mancher Held!

642. Was half's dem alten Wate,   daß er besaß die Kraft
     Von sechsundzwanzig Männern?   Gleich war an Ritterschaft
     Ihm König Ludwigs Erbe,   der junge Held Hartmut:
     Wie tapfer auch die Feinde,   ihm fehlt' es nie an Mut.

643. Gegangen kam da Ortrun,   von Ormanieland
     Die junge Königstochter.   Sie rang die weiße Hand
     Vor Kudrun, der schönen.   Es zwang sie bitt're Not.
     Ortrun fiel ihr zu Füßen   und klagte Ludwigs Tod.

644. Sie sprach: ‚Erbarme, Fürstin,   dich unsrer großen Not!
     Mein Vater, meine Sippen   liegen alle tot.
     Nun steht vor Wate Hartmut —   und wird auch er gefällt,
     So bin ich ganz verlassen   auf dieser weiten Welt.

645. Das komme mir zugute‘:   sprach das Königskind,
     ‚Als keiner Mitleid fühlte,   war ich dir hold gesinnt.
     Du hattest keine Freundin   am Hof als mich allein,
     Mit Thränen und mit Seufzern   gedacht' ich allzeit dein.‘

646. Es sprach Frau Hildes Tochter: ‚Oft stilltest du mein Leid.
     O wüßte ich zu scheiden   der Männer grimmen Streit!
     Und wäre ich ein Recke,   mit Schild und Schwert bewehrt,
     So trennte ich die Kämpfer;   Hartmut blieb' unversehrt.‘

641,3 Dazu bemerkt Martin: Denn der Kampf mit einem Könige und selbst der Tod gegen ihn war eine besondere Ehre. Vgl. des von Giselher erschlagenen Wolfhart Worte Nib. 2239:

Und wenn mich meine Freunde nach meinem Tod beklagen,
Den Nächsten und den Besten sollt ihr dann fröhlich sagen,
Daß sie mir nicht nachweinen; es wäre des nicht not:
Von eines Königs Händen lag ich im Kampfe tot.

642,2 Daß ein Mensch die Stärke mehrerer besitzt, ist altepisch. Siegfried gewinnt durch die Tarnkappe die Kraft von zwölf Männern; Rostem im persischen Epos leiht seine überschüssige Kraft einem Berggeist.

647. Es flossen Ortruns Thränen. Sie flehte und sie bat, 1483
Bis die edle Kudrun in ein Fenster trat.
Sie rief in das Getümmel und winkte mit der Hand,
Ob vor dem Thor ein Wacker aus Hegelingen stand.

648. Zur Antwort gab ihr Herwig, ein edler Ritter gut: 1484
‚Wer seid ihr, holde Jungfrau, die solche Frage thut?‘
Sie sprach: ‚Ich heiße Kudrun, und Hagen ist mein Ahn.
Von eurem grimmen Streiten ich wenig Lust gewann.‘

649. Er sprach: ‚Seid ihr es, Kudrun, die liebe Herrin mein, 1487
So will ich gerne immer zu euren Diensten sein.
Ich bin es selber, Herwig, und euch gehört mein Herz.
Wie gern wollt’ ich euch lösen von allem Leid und Schmerz.‘

650. Sie sprach: ‚Wollt, edler Ritter, ihr heut mein Diener sein, 1488
So seht ob meiner Bitte nicht allzu sauer drein.
Hier fleht mit heißen Zähren zu mir manch’ edle Maid,
Daß man von Waten bringe Herrn Hartmut aus dem Streit.‘

651. ‚Was ihr gebietet, Fraue, das leist’ ich immerdar.‘ 1489
Da rief mit lauter Stimme Herwig der Recken Schar:
‚Nun bringet an, ihr Mannen, wo Wate steht im Feld!‘
Da sah man vorwärts schreiten Herwig und manchen Held.

652. Mit größ’rer Müh’ ward selten ein Frauendienst gethan. 1490
Herwig rief gewaltig den alten Wate an:
‚Viel lieber Freund, Herr Wate, nun soll geschieden sein
In Eile dieses Streiten: so heischt’s die Herrin mein.‘

653. Zornig sprach da Wate: ‚Laßt mich zufrieden, Herr! 1491
Wollt’ ich den Weibern folgen, so stünd’ der Sinn mir quer.
Die Feinde soll ich schonen? Das kostete mein Blut.
Ich folg’ euch nicht. Der Normann büßt seinen Übermut.‘

654. Um Kudruns willen eilend der kühne Herwig sprang 1492
Zwischen beide Streiter. Da hört’ man Schwerterklang!
Ingrimmig stand Herr Wate, er, der es niemals litt,
Daß einer ihn vom Feinde in hartem Kampfe schied.

647,2 vgl. zu 607,2.

655. Drum schlug er König Herwig   einen guten Schlag,
      Als er sie trennen wollte.   Der Held am Boden lag.
      Da eilten seine Recken   und halfen ihm von dannen.
      Hartmut ward ihr Gefangener   und achtzig seiner Mannen.

656. Gewaltig raste Wate.   Stets drang er weiter vor.
      Man hört' ihn schon im Saale,   schon stand er vor dem Thor.
      Drin jammerten die Frauen,   davor tobt' laut die Schlacht.
      Herr Hartmut war gefangen,   das brach der Seinen Macht.

657. Wie oft man von der Zinne   mit Steinen und Geschoß
      Die Helden trieb zurücke,   Waten nichts verdroß.
      Er stürmte immer wieder,   bis aus der Mauer Fugen
      Des Thores feste Riegel   sie mit den Äxten schlugen.

658. Horant mit Hildes Banner   sprang durch der Bresche Spalt,
      Ihm nach aus Hegelingen   die Recken jung und alt.
      Vor einen Palas drangen   die Helden rasch im Sturm:
      Bald wehte weiß das Zeichen   auf einem festen Turm.

659. Auf sprengte man die Pforte   von manchem Prunkgemach.
      Man hörte rings im Hause   ungefügen Krach.
      Doch hegten alle Gäste   nicht gleichen Sinn und Mut.
      Die schlugen tiefe Wunden,   die raubten reiches Gut.

660. Von Blut und Leichen waren   bald Saal und Kammern voll.
      Wie drob das Herz den Freunden   in bittrem Kummer schwoll!
      Es schritt in großer Sorge   Frau Ortrun auch daher
      Und suchte Schutz bei Kudrun: wohl trug ihr Leid sie schwer.

661. Sie neigte vor der Schönen   das Haupt gar züchtiglich.
      Sie sprach: ‚O edle Kudrun,   erbarme meiner dich
      Und meines herben Leibes!   Reiß mich aus dieser Not!
      Es droht von deinen Freunden   auch mir der bittere Tod.‘

662. ‚Gern will ich dich behüten,   steht es in meiner Macht:
      Viel Glück und reiche Ehren   hab' ich dir zugedacht.
      Ich will dir Fried' erwirken,   dich schützen vor Gefahr.
      Drum tritt an meine Seite   mit deiner Frauen Schar.‘

656,2 In der Nähe des Thores befand sich der Palas (658,3).
Im Saal (vgl. zu 599) hatten sich die Frauen zusammengefunden.

658,4 ûf den turn allerbesten: gemeint ist der meist allein stehende
Bergfried, ‚das festeste und höchste Werk von allen.‘ Mit seiner Erobe=
rung ist die Einnahme der Burg vollendet.

663. Da trat dahin auch eilend   die böse Frau Gerlind.   1508
Demütig fiel zu Füßen   sie Hildes schönem Kind.
‚Nun schütze uns, o Herrin,   vor Wate!‘ war ihr Flehen.
‚Denn du nur kannst es wenden,   sonst ist’s um mich geschehen.‘

664. ‚Daß ihr um Gnade bittet,   erhabene Königin,   1509
· Das höre ich nicht ungern;   doch steht nicht so mein Sinn.
Wann durfte ich euch bitten?   Wann winktet ihr Gewähr?
Ihr waret mir nie gnädig.   Drum trifft mein Zorn euch
                                                     schwer.‘

665. Als nun der alte Wate   Herrn Ludwigs Königin sah,   1510
Wie knirscht’ er mit den Zähnen!   Näher trat er da.
Ihm funkelten die Augen,   sein Bart war ellenbreit.
Vor dem von Stürmen bebte   im Saale Mann und Maid.

666. Er faßte ihre Hände   und zog zur Thür sie hin.   1522
Da hub sie an zu jammern,   die arge Königin.
Er sprach in blindem Zorne: ‚Fürstin stolz und hehr!
Für euch wäscht meine Herrin   die Kleider nimmermehr.‘

667. Nun schwieg auf dem Gefilde   des grimmen Kampfes Schall.   1529
Da schritt der König Herwig   in Ludwigs hohen Saal
Mit seinen Kampfgesellen: er war von Blute rot.
Wie trauten Gruß Frau Kudrun   dem Heißgeliebten bot!

668. Der edle Degen legte   schnell aus der Hand das Schwert.   1530
Die Waffen warf er nieder,   die seinen Leib beschwert.
Geschwärzt vom Eisenrahme   trat er an sie heran.
Um ihre Liebe schlug er   durchs Feld sich oft heut Bahn.

666,4 wie 622,4. — Ein recht geschmackloser Zusatz malt die
Scene weiter aus:

Als er hinaus die Fürstin   zog aus dem Gemach,
Da schaute manches Auge   ihm voller Neugier nach.
Er faßte ihre Haare.   Wer hatt’ ihm das erlaubt?
Sein Zürnen war gewaltig.   Er schlug ihr ab das Haupt.

Zeile 2 verdirbt die Wirkung; 3ᵃ ist eine Wiederholung von 666,1, 3ᵇ
abgeschmackt, 4ᵃ abermals dasselbe wie 666,3 und völlig zwecklos. Ein
anschauliches Beispiel von der Dichtung der Überarbeiter.
668,4 ‚ist ein deutlicher, schöner Abschluß. Mit der Vereinigung
der lang getrennten Liebenden schließt der Kern des Gedichts ab‘ (Martin). Was folgt, ist Zusatz.

669. Es sprachen da die Herren   und Mannen allgemein:
,Da wir Kaſſiane,   die Feſte, nahmen ein,
So iſt auch ſchon bezwungen   ringsum das weite Land.‘
Nur Wate riet: ,Es ſeien   Palas und Turm verbrannt.‘

670. Doch ſprach der Däne Frute: ,So ſoll es nimmer ſein.
Es muß doch hier verbleiben   die liebe Herrin mein.
Tragt drum aus Hof und Saale   die Toten ſchnell hinaus.
Es ſchützt im fremden Lande   uns dieſes feſte Haus.

671. Es hat gar ſtarke Mauern,   iſt feſt gebaut und gut.
Heißet von den Wänden   waſchen ab das Blut,
Daß nicht die Holden weilen   auf dieſer Burg mit Grauen!
Dann laßt mit Schwert und Schilde   uns Hartmuts Land
                                                                                  beſchauen.‘

672. Sie folgten ſeinem Rate;   Herr Frute war ſehr klug.
Wie manchen guten Ritter   man aus der Feſte trug!
Dem ſchlug die Todeswunde   der Feind in heißer Schlacht.
Es wurden zum Geſtade   die Leichen all’ gebracht.

673. Man ſenkte in die Tiefe   — eine ſchnöde That! —
Viertauſend oder mehr noch: das war Herrn Frutes Rat.
Was Chriſtenpflicht erheiſchte,   fiel ihrer keinem ein.
Da mußte auf der Feſte   Ortrun Gefangene ſein.

674. Da befahl man Horant,   dem Helden aus Dänenland,
Die edlen Geiſeln, die man   in Kaſſiane fand.
Auch Kudrun ſollt’ er ſchützen   und alle ihre Frauen.
So nahverwandtem Degen   durfte man ſie anvertrauen.

675. Da ritten aus zur Heerfahrt   dreißigtauſend Mann.
Die Städte und die Burgen   zündeten ſie an.
Man ſah die helle Lohe   im Lande weit und breit:
Das ſchuf dem König Hartmut   im tiefſten Herzen Leid.

676. Es brachen die von Stürmen   und die aus Dänenland
So viel der guten Burgen,   als man im Lande fand.
Auch nahmen ſie des Raubes   genug aus jedem Ort
Und führten manche Jungfrau   mit ſich gefangen fort.

_____

669,2 Erſt hier begegnet der Name der Normannenfeſte.

677. Sie trugen Hildes Zeichen   durch das Normannenland   (1548)
Und kehrten, reich an Beute,   zurück zum Meeresstrand.
Da fanden sie Frau Kudrun,   die Fürstin schön und hehr.
Sie wollten nun von bannen   und weilten da nicht mehr.

678. Entgegen ritten ihnen   aus der Burg zuthal,   (1549)
Die sie gelassen hatten   in Hartmuts hohem Saal.
Froh grüßten sie die Recken,   die alten und die jungen.
Sie fragten: ‚Ist die Reise   euch Degen wohl gelungen?‘

679. Da sprach der König Ortwin: ‚Hei! es gelang uns wohl,   (1550)
Daß ich es meinen Freunden   ewig danken soll.
Nun haben wir vergolten   das Leid und Ungemach:
Was sie uns je genommen,   sie zahlten's tausendfach.‘

680. Die gefangen waren,   führte man heran.   (1551)
Die guten Burgen alle   wurden unterthan
Herrn Morung und Herrn Horant.   Die blieben in Normandie
Mit tausend edlen Degen,   so stark und kühn wie sie.

681. Sie brachten zu den Schiffen   nieder ans Gestad'   (1560)
Gold und Edelsteine,   Rosse, reiche Wat.
Was einst sie kühn erhoffet,   den Helden wohl gelang.
Die einst ihr Leid beklagten,   erhoben frohen Sang.

---

q) Wie sie an Hilde Boten sandten.

682. Sanft trugen durch die Wellen   sie die Winde gut.   (1562)
Die reich an Raub geworden,   hegten frohen Mut.
Ich weiß nicht, wie's geschehen,   daß Boten man gesandt,
Die frohe Märe brachten   ins Hegelingenland.

683. Sie eilten, wie sie konnten.   So meldet das Gedicht.   (1563)
Sie kamen in die Heimat —   wie schnell, ich weiß es nicht!
Wie war der edlen Hilde   die Kunde doch so lieb,
Daß selbst der König Ludwig   tot auf dem Felde blieb!

684. Sie sprach: ‚Sagt, habt ihr Kudrun und ihre Frauen geschaut?‘   (1564)
‚Es bringt der Degen Herwig   euch seine schöne Braut.
Nach Wunsch ist es ergangen   den stolzen Helden gut.
Gefangen ist Frau Ortrun,   ihr Bruder auch, Hartmut.‘

685. ‚Das sind mir liebe Märe!‘ sprach die Königin.
     ‚Durch beide ward bekümmert mir lange schon der Sinn.
     Ich will sie's fühlen lassen, seh' ich sie hier im Haus.
     Ich stand viel Leid und Sorge in bangen Tagen aus.‘

686. Als nun die edle Fürstin des Boten Wort gehört,
     Da ließ sie schnell bereiten für ihre Gäste wert ·
     Trank und gute Speise, Gestühl und Bänke auch,
     Damit sie sitzen konnten: sie kannte wohl den Brauch.

687. Es blieb zu Matelane müßig keine Hand.
     Auf den Anger unten und auf den weißen Sand
     Bestellt' man Zimmerleute. Da wurde rings gebaut,
     Daß dort mit Ehren säße Herwig mit seiner Braut.

688. Ich kann euch nicht berichten, ob auf dem weiten Meer
     Sie Not zu leiden hatten. Ortwins gutes Heer
     Gelangte in sechs Wochen zur Feste Matelan:
     Sie brachten holde Frauen und Mägdlein wohlgethan.

689. Als man nun ihre Schiffe vor Matelan erschaut,
     Da blies man die Trompeten und die Posaunen laut,
     Auf Horn und Flöten blies man, man schlug der Trommel Fell:
     Da lenkte seine Schiffe zum Hafen Wate schnell.

690. Es kamen auch ans Ufer die Helden aus Ortland.
     Entgegen ritt den Recken bis an des Meeres Strand
     Frau Hilde und ihr Gesinde, von Matelan zuthal.
     Da war auch Kudrun kommen mit ihren Mägden all.

691. Sie waren von den Rossen gestiegen auf den Sand,
     Frau Hilde und ihr Gesinde. Da führte an der Hand
     Der wackere Degen Irolt die junge Königin hehr.
     Einst kannte Hilde alle, jetzt ihrer keine mehr.

692. Bei ihren Leuten sah sie wohl hundert Frauen stehn.
     Sie sprach: ‚Sagt, welcher soll ich mit Gruß entgegengehn,
     Als meiner lieben Tochter? Sie ist mir unbekannt!
     Willkommen, meine Freunde, in Hegelingenland!‘

691,4 Die am Ende der vorigen Strophe genannten.

693. ,Das ist eure Tochter', sprach Jrolt, der Held.   (1576)
Da trat die Fürstin näher. Wer hätte wohl mit Geld
Erkauft die hohe Wonne, die beider Herz erfüllt?
Es küßten sich die Frauen, da war ihr Leid gestillt.

694. Frau Hilde grüßte Jrolt mit dankerfülltem Sinn;   (1577)
Tief neigte sich vor Wate die edle Königin:
,Willkommen, Held von Stürmen! Der schönste Ruhm
ist dein.
Was ziemte dir zum Lohne, als Kron' und Land allein?'

695. Da sprach er zu der Fürstin: ,Was ich vermag und kann,   (1578)
Bis an mein Lebensende sei es für euch gethan.'
Sie küßte ihn aus Liebe; sie küßte auch Ortwein.
Da kam auch König Herwig mit den stolzen Recken sein.

696. Es führte König Herwig Ortrun, das schöne Kind.   (1579)
Ihr war die edle Kudrun noch immer hold gesinnt:
,Nun küsset, liebe Mutter, diese Jungfrau hehr!
Als ich im Elend weilte, bot sie mir Dienst und Ehr'.'

697. ,Ich will hier keinen küssen, er sei mir denn bekannt.   (1580)
Wer sind der Jungfrau Sippen und wie ist sie genannt,
Die du mich mahnst zu küssen einer lieben Freundin gleich?'
Sie sprach: ,Es ist Frau Ortrun aus der Normannen Reich.'

698. ,Ich will sie nimmer küssen. Warum rätst du mir das?   (1581)
Daß ich sie töten ließe, ziemte mir wohl baß.
Mir schufen ihre Freunde manch grimmes Herzeleid,
Und ihre Sippen haben sich meiner Not gefreut.'

699. Und abermals sprach Kudrun: ,Fürwahr, es kann nicht sein,   (1582)
Daß diese holde Jungfrau schuf deinem Herzen Pein.
Bedenke, liebe Mutter, bin ich wohl daran Schuld,
Wenn meine Sippen morden? O schenk' ihr deine Huld.'

700. Es küßte Königin Hilde die Jungfrau schön und hold,   (1584)
Und nach ihr andre Frauen, weil Kudrun es gewollt.
Da trat hervor auch Hildburg, die oft im fremden Land
Mit ihr gewaschen hatte. Sie ging an Frutes Hand.

---

696 Der Kuß ist zunächst das Zeichen der Begrüßung unter Gleich=
stehenden, sodann, wie hier, der Versöhnung. Daher küßt die unver=
söhnliche Kriemhild beim Empfange der Burgunden in Heunenland nur
den am Morde Siegfrieds unschuldigen Giselher.

8*

701. Und wiederum sprach Kudrun: ‚Liebe Mutter mein,
Nun grüßet auch Frau Hilbburg. Kann wohl schöneres sein
Als echte Freundestreue? Was an Edelstein und Gold
Im Königshort zu finden, geziemte ihr als Sold.‘

702. Zur Antwort gab ihr Hilde: ‚Das ward mir kund gethan;
In Leiden und in Freuden nahm sie sich deiner an.
Drum will ich nimmer sitzen froh auf dem Königsthron,
Eh’ Hilbburg hat empfangen ihrer treuen Dienste Lohn.‘ —

703. Es ritt mit ihren Gästen Frau Hilde auf das Feld,
Wo vor Matelane ragte manches Zelt,
Mit Golde reich gezieret. Auch Sitze waren bereit.
Man pflegte dort der Helden mit Fleiß und Emsigkeit.

704. Bis an den fünften Morgen ruhten die Müden da,
Wo man mit Trank und Speise die Gäste gern versah.
Allein den König Hartmut sah man in Sorgen stehn,
Bis Frieden ihm erwirkten zwei Jungfrauen hold und schön.

705. Mit Ortrun nahte Kudrun der eblen Königin.
Sie sprach: ‚O liebe Mutter, bedenkt in euerm Sinn,
Daß man mit Bösem nimmer das Böse darf vergelten.
Seht, daß um König Hartmut die Leute euch nicht schelten.‘

706. Sie sprach: ‚Du sollst nicht raten zu Mild’ und Freundlichkeit.
Er war es, der mir brachte das allerschwerste Leid.
Drum mache ihn mein Kerker von Übermute frei.‘
Mit sechzig Jungfrauen fielen zu Füßen ihr die zwei.

707. Und Ortrun sprach: ‚O Fürstin, entledigt ihn der Pein.
Daß er euch unterthänig, des will ich Bürge sein.
Seid meinem Bruder gnädig und spart ihm Schmach und Hohn:
Euch selbst ist’s eine Ehre, wird sein der Königsthron.‘

708. Da weinten alle Frauen, daß er gefangen saß
In schweren, starken Banden. Ihre Augen wurden naß
Um Hartmut, den König von Normannenland.
Ihn und die Seinen drückte manch festes Eisenband.

709. Da sprach die edle Hilde: ‚Nun stellt das Weinen ein
Und laßt sie aller Fesseln am Hofe lebig sein.
Doch sollen sie mir schwören, daß keiner uns entrinnt,
Noch ohne meinen Willen auf Flucht und Heimkehr sinnt.‘

710. Man ließ die edlen Geiseln nun aus des Kerkers Haft. (1600)
Da wurden schöne Kleider zu Hofe schnell geschafft.
Den Recken hieß bereiten Kudrun ein Bad geschwind:
Bald waren ihnen viele am Hofe hold gesinnt.

711. Doch unter allen Degen, die man dort konnte sehn, (1601)
War keiner wie Herr Hartmut so edel und so schön.
So sehr ihn Sorgen drückten, er war so wohlgestalt,
Als sei mit einem Pinsel er an die Wand gemalt.

712. Da blickten ihn die Frauen mit holden Augen an. (1602)
Wie manches Herz der König zu Matelan gewann!
Es war der Haß versöhnet, den man dem Feinde trug,
Vergessen auch die Wunden, die einst der Normann schlug.

713. Da dachte auch Herr Herwig, wie er Hegelingenland (1603)
Mit Ehren räumen könne. Waffen und Gewand
Hieß er auf Rosse laden, auch manches Beutestück.
Man kündete es Hilde, die hielt ihn kaum zurück.

714. Sie sagte: ‚Mein Herr Herwig, verweilt noch länger hier! (1604)
So viele Lieb' und Güte habt ihr erwiesen mir,
Daß ich es nie vergelte. Drum haltet hier noch Rast
Und seid beim nahen Feste auf dieser Burg mein Gast.‘

715. Da sprach der König Herwig: ‚Frau, das ist allbekannt; (1605)
Schickt einer seine Sippen in andrer Herren Land,
So sehnt er sich im Herzen, daß er sie wiedersieht,
Und kann es kaum erwarten, daß heim die Heerschar zieht.‘

716. Und wieder sprach Frau Hilde: ‚Wenn ihr mir gewährt, (1606)
Um was ich euch jetzt bitte, war ich nie mehr geehrt;
Laßt, edler König Herwig, es mir zu Lieb geschehn,
Daß ich an meinem Hofe Kudrun gekrönt darf sehn.‘

717. Nur ungern blieb er länger: doch bat sie und gebot. (1607)
Bald waren die Heimatlosen befreit aus aller Not.
Als er versichert hatte, daß gern er dort noch blieb,
Da war's der Königin Hilde über alle Maßen lieb.

714,1 mîn her vor dem Eigennamen ist eine höfische Anrede wie
französisch monsieur. Ebenso mîn frou = madame.
717,1 und 3 Widerspruch! — si bat und ouch gebot: biten und
gebieten ist eine oft wiederkehrende, formelhafte Verbindung. — 2 ist

Nun beginnt ein Fest, bei dem sich Hilde überaus freigebig zeigt.
Irolt ist Kämmerer, Wate Truchseß und Frute an Horants Stelle
Schenk. Kudrun wird gekrönt.

718. Als nun die holde Fürstin   saß in der Gäste Kreis,
Da sandte sie nach Ortwin,   auf daß mit vielem Fleiß
Sie ihrem Bruder riete,   er solle zum Gemahl   .
Die schöne Ortrun wählen: auch die sah man im Saal.

719. Mit freundlichem Gruße   ihn jede Maid empfing,
Als drauf der Held von Nordland   zu dem Gemach einging.
Vom Sitze auf stand Kudrun   und faßte seine Hand.
Damit sie heimlich sprächen,   trat nahe sie zur Wand.

720. Sie sprach: ‚Mein lieber Bruder,   nun sollst du folgen mir!
In schwesterlicher Treue   rat' ich heute dir.
Willst du in deinem Leben   dich trauten Glücks erfreuen,
So wirb um Hartmuts Schwester: es wird dich nicht gereuen.‘

721. Da sprach der kühne Ritter: ‚Hältst du das für gut?
Nicht hold ist mir im Herzen   der edle Held Hartmut.
Auch denkt sie wohl des Vaters,   den schlug einst unser Schwert:
Drum wird mir ihre Minne   wohl nimmermehr gewährt.‘

722. ‚Durch stäten Dienst bewirke,   daß sie an das nicht denkt,
Was ihr in bittrem Harme   so schwer das Herze kränkt.
Das rate ich in Treue   dir, lieber Bruder mein.
Heil dir, will je die Fürstin   dir unterthänig sein.‘

723. Drauf sprach der edle Ritter: ‚Ist dir von ihr bekannt,
Daß sie versteht zu herrschen   über Leut' und Land,
Daß sie kennt feine Sitte,   dann weih' ich ihr mein Herz.‘
‚Das sollst du thun‘, sprach Kudrun;   ‚nie trifft durch sie
                                         dich Schmerz.‘

---

unklar. Martin denkt an die Gefangenen, welche am Feste Teil nahmen
und dabei von Kudrun verlobt wurden.

718 Kudrun hat sich mit den Frauen, ihren Gästen, in ihre Kemenate zurückgezogen. Auf ihre Einladung verläßt Ortwin die Gesellschaft der Männer.

722,4 Nib. 47 heißt es von Kriemhild: er was ir noch vil vremde,
dem si wart sider untertân.

724. Er sagt' es seinen Freunden.   Frau Hilden stand's nicht an,
Bis er den König Herwig   für seinen Plan gewann.
Der riet ihm zu der Ehe   und auch der Däne Frut.
Er sprach: ‚Du sollst sie minnen;   ihr dient manch Recke gut.‘

725. Vertraulich sprach drauf Kudrun   zu Hildeburg der Maid —
Sie machte, daß in Freude   sich wandelte ihr Leid —:
‚Willst du, daß ich dir lohne   für deinen treuen Sinn,
So sollst in Ormanie   du heißen Königin.‘

726. Da sprach die schöne Hildburg: ‚Das scheint mir nimmer gut!
Soll ich sein dem zu eigen,   der weder Herz noch Mut
An mich je hat gewendet   und der mich nicht erkor?
Leb' ich bei ihm, ich fürchte,   bald bricht sein Haß hervor.‘

727. Drauf sie: ‚Du sollst verhüten,   daß also es geschieht.
Nach Hartmut will ich schicken,   auf daß man bald ersieht,
Ob es ihm wohl gefalle,   wenn ich vom Eisenband
Ihn löse und die Helden   heimsende in ihr Land.‘

728. Vor Kudrun führte Frute   den König von Normandie.
In ihrer Kemenate   saßen rings um sie
Die edlen stolzen Frauen,   mit Leiden wohl bekannt:
Durch Hildes schöne Tochter   ward all ihr Weh gebannt.

729. Als König Ludwigs Erbe   nun durch den Palas schritt,
Da hoben von dem Sitze   sich nach des Hofes Sitt'
Die Frauen ihm zur Ehre,   die Herrin wie die Magd:
Er war ein edler König   und kühn und unverzagt.

730. Nicht eine in der Kammer   versäumt' zu grüßen ihn.
Zu sitzen bat ihn Kudrun,   die hehre Königin.
‚Du sollst dich setzen, Hartmut,   zu der Gespielin mein,
Die einst mit mir gewaschen   die Wat der Helden dein.‘

731. Er sprach: ‚Ihr wollt mich tadeln,   eble Königsmaid!
Was man euch je gethan hat,   that man auch mir zu Leid.
Verhehlen hieß die Mutter   vor mir es immerdar,
Daß ich es nicht erführe   und meiner Helden Schar.‘

727,4 Hartmut und die mit ihm gefangen sitzenden Normannen.
728,3 Zunächst ist an Hildburg und Ortrun zu denken.

732. Da sprach die edle Jungfrau: ‚Es kann nicht anders sein.
Ich muß mit euch ein Wort nur reden insgeheim,
Das soll kein andrer hören als ich und ihr, wir zwei.‘
Er dachte: ‚Gebe Gott es, daß gut sie's meint und treu.‘

733. Allein den klugen Frute ließ Kudrun bei ihr stehn.
Es sprach zu König Hartmut die Königstochter schön:
‚Wollt ihr mir folgen, Hartmut, und thun was ich gebot,
So seid ihr bald erlöset von aller Pein und Not.‘

734. ‚Ihr seid so reich an Tugend‘, sprach zu ihr drauf Hartmut,
Daß ihr allein mir ratet, was ehrenhaft und gut.
Drum heg' in meinem Herzen ich einzig solchen Sinn,
Daß euerm Rat ich folge, erhab'ne Königin.‘

735. ‚Nun will ich Ortrun geben, die schöne Schwester dein,
Zum ehelichen Weibe dem lieben Bruder mein.
So sollst du Hildburg nehmen, die Königin, du Held:
Du findest keine bessere auf dieser weiten Welt.‘

736. ‚Vermögt ihr es zu fügen, wie ihr mir habt gesagt,
Daß euer Bruder Ortwin Ortrun, die schöne Magd,
Als Ehgemahl will führen heim in sein fürstlich Haus:
So nehme ich Frau Hildburg, und aller Zwist ist aus.‘

737. ‚Ich habe es gefüget, daß jüngst er mir versprach,
Zurück würd' er dir geben die Burgen, die er brach,
Dazu dein ganzes Erbe, die weiten Länder all.
Nun mag dir's wohl gefallen, daß Hildburg dein Gemahl!‘

738. Er sprach: ‚Ich will's geloben gern in eure Hand.
Steht meine liebe Schwester beim König von Ortland
Im hehren Schmuck der Krone, dann künde ich sogleich:
Mit Hildeburg der schönen teil' ich mein Königreich.‘

739. Da hieß man zu dem Ringe die edle Ortrun gehn.
Auch Hildburg sah man kommen, die Jungfrau treu und schön.
Da ward mit Fleiß geknüpfet ein doppelt Eheband.
‚Nun wünsche ich‘, sprach Hilde, ‚daß Friede bleib' im Land.‘

733,1 Nicht gerade ein Widerspruch zur vorigen Strophe; vgl.
zu 262.
    739,1 Das zu verlobende Paar trat in einen von den Verwandten
geschlossenen Kreis.

740. Gar minniglich zog Ortwin aus der Sippen Kreis
An sich die holde Ortrun. In ihre Hände weiß
Legt' einen Ring der König, der glänzte von Golde rot:
Da floh aus ihrem Herzen der Kummer und die Not.

741. Hartmut schloß in die Arme die Maid von Ireland.
Das eine legt dem andern den Goldreif an die Hand.
Um manche schöne Tugend liebt' er sie alle Zeit.
Hartmut und Hildburg lebten in Lieb' und Einigkeit.

742. Man segnete die Paare. So heischt's der Fürsten Ehr'.
Das Schwert empfingen Knechte fünfhundert oder mehr.
Es ward das Fest begangen in Königin Hildes Land:
Vor Matelan, der Feste, war's auf dem weiten Sand.

743. Wie wogte durcheinander der frohen Gäste Schwall!
Was konnte anderes hören man dort als Freudenhall?
Das hohe Fest, es währte bis an den vierten Tag.
Das edele Gesinde da kaum der Ruhe pflag.

744. Nun war das Fest zu Ende. Zeit war es, daß man schied.
Da sah man König Hartmut, wie's ihm die Ehre riet,
In seiner Herrin Frieden verhandeln mit dem Feind.
Drauf kamen sie zur Heimat, wie sie es kaum gemeint.

740,3 Der Austausch der Fingerringe (vingerlîn) ist bereits bei
den alten Germanen Symbol der Vermählung. Vgl. 532 f. Auch ein
Binden mit Faden oder Band scheint zuweilen vorgekommen zu sein.

742,1 Die kirchliche Weihe oder Einsegnung der fürstlichen Paare
steht mit der Eheschließung nur in entfernter Beziehung. Die Krönung
setzt, wie aus mehreren Stellen erhellt, eine voraufgegangene Vermäh=
lung voraus und deshalb findet sie im unmittelbaren Anschluß an diese
statt. Die kirchliche Feier aber bezieht sich nicht auf die Eheschließung,
sondern auf die Krönung; sie muß daher bei nicht gekrönten Personen
weggefallen sein. Nachdem im Nibelungenliede die Vermählung der beiden
fürstlichen Paare stattgefunden, begeben sie sich in das Münster, wo ir
krône und ouch ir kleit bereit liegen: dô wurden si gewîhet. dô daz
was getân, dô sach mans (man sie) alle viere under krône lobelîche stân.

744,3 Herrin = Kudrun. Wie 750 Ortwin und Herwig schließt
auch Hartmut mit seinen ehemaligen Feinden, jetzigen Verwandten, ein
Schutz= und Trutzbündnis. — 4 Als sie gefangen lagen, hatten sie nicht
auf eine so angenehme Heimkehr gehofft.

745. Es sprach Kudrun zu Hilde: ‚Nun sollst du glücklich sein!
Vergiß, die man erschlagen. Ich und der Herre mein,
Wir wollen so dir dienen, daß du lebst sorgenfrei.
Daran sollst du erkennen Herrn Herwigs Lieb’ und Treu.‘

746. Darauf die edle Fürstin: ‚Tochter, hör’ mich an!
Willst du dich freundlich zeigen, so send’ gen Matélan
Dreimal des Jahrs durch Boten von dir mir Kunde zu.
Sonst muß ich hier mich härmen ohn’ Frieden, ohne Ruh’.‘

747. Da sprach die hehre Kudrun: ‚Das soll geschehn, fürwahr!
Halb lachend und halb weinend schied sie mit ihrer Schar.
Sehnsüchtig blickt’ zurücke zur Burg manch holde Maid, —
Nichts schöneres war zu schauen — nun frei von Sorg’
und Leid.

748. Herrn Ortwins holde Gattin hob zu danken an
Ihrer Freundin Kudrun, weil durch sie gewann
Hartmut, ihr lieber Bruder, das Reich in Normandie:
‚Das lohne Gott dir, Kudrun; so sorglos war ich nie.‘

749. Auch Hilden dankte herzlich die Fürstentochter schön,
Daß man im fernen Ortland gekrönt sie sollte sehn
Als eines Landes Herrin und Ortwins Königin.
Frau Hilde sprach, daß fröhlich darob ihr sei der Sinn.

750. Ortwin und Herwig schwuren sich einen festen Eid,
Daß sie mit Preis und Ehren wollten alle Zeit
Des Fürstenamtes walten, und daß sie, treu vereint,
Erschlügen oder fingen wer ihrem Lande feind.

745,1 nû solt dû sælic sîn, eine Abschiedsformel.

Textproben.

Anhang I: Aus der Ambraser Handschrift.
Anhang II: Mittelhochdeutscher Text.

Anhang I.

1. Ein helt der was erwachsen in Tennelant.
   Ze Sturme in ainer marche, das ist wol erkant,
   da faffen feine mage, die zugen in nach groffer ere;
   im dient auch Ortlant: ia was er vil gewaltig vnnde herre.

2. Hetel der reiche ze Hegelinge fafs
   nahen bey Ortlannde ich wil euch sagen das.
   darynne het er burge, wol achtzig oder mere.
   die der phlegen folten, die dienten im tägelich mit
          groffer ere.

3. Da rieten im die pesten, er folte mynne phlegen,
   die mir ze maffe kome. da fprach der iunge degen.
   ich wayfs dhayne, die zun Hegelinen
   mit eren ware frawe noch die man mir ze hawse mochte
          bringen.

4. Da fprach von Niflande Morûngk der iunge man.
   ich wayfs aine, als ich vernomen han,
   daz dhaine lebt fo fchöne nynndert auf der erde.
   wir sullen achten gerne, daz fy euch zu ainer traut-
          tine werde.

5. Er fraget, wer sý wâre oder wie fy fey genant?
   er fprach fy hayffet Hilde vnd ift aus Eyerlannt.
   ir vater hayffet Hagen vnd ift des kunne.
   kumbt fy heer ze lannde, fo haft du ymmer freude vnd
          wûnne.

6. Da hiefs er poten reiten hin ze Tennelant
   da man Horanden feinen neuen vandt.
   er empot dem reckenn daz er in fehen folte
   ynner tagen fiben ob er im dhainen dienft laiften wolte.

Anhang II.

Ein helt der was erwahsen in Tenelant.   204
ze Stürmen in einer marke, daʒ ist wol erkant,
dâ sâʒen sîne mâge, die zugen in nâch êren.
im diende ouch Ortland. jâ was er vil gewaldic unde hêre.

Hetele der rîche ze Hegelingen saʒ   207
nâhen bî Ortlande. ich wil iu sagen daʒ:
dar inne hete er bürge wol ahtzic oder mêre.
die der pflegen solden die dienden tegelîch im mit
                                                      grôʒer êre.   .

Dô rieten im die besten, er solde minne phlegen   210
diu im ze mâʒe kœme. dô sprach der junge degen
,ich enweiʒ deheine, diu zen Hegelingen
mit êren wære vrouwe, noch die man mir ze hûse
                                                      möhte bringen.'

Dô sprach von Nîflande Môrunc der junge man   211
,ich weiʒ eine vrouwen (als ich vernomen hân),
daʒ deheiniu lebet sô schœniu nindert ûf der erde.
wir sulen ahten gerne, daʒ si iu ze einer triutinne
                                                      werde.'

Er vrâgte, wer si wære oder wie si sî genant.   212
er sprach ,si heiʒet Hilde und ist ûʒ Îrlant.
ir vater heiʒet Hagene und ist küneges künne.
kumt si her ze lande, sô hâst dû immer vreude unde
                                                      wünne.'

Do hieʒ er boten rîten hin ze Tenelant,   216
dâ man Hôranden sînen neven vant.
er enbôt dem recken, daʒ er in sehen solde
inner tagen sibenen, ob er im deheinen dienest leisten wolde.

7. An dem sibenden morgen kam er in daz lant.   219
er und sîn gesellen truogen guot gewant.
der künic hin engegene gie dem recken guoten.
dô sach er bî dem recken von Tenemarke den küenen
         Fruoten.

8. Hetele Hôranden biten dô began   · 225
,ist dir daz mære künde, dû solt mich wizzen lân,
wie stêt ez umb vroun Hilden, die jungen küniginne?
der wolde ich mînen dienest unde mîne boteschaft
         heizen bringen.'

9. ,Daz mac sich niht gevüegen' sprach Hôrant.   228
,ze boten rîtet nieman in daz Hagenen lant.
des wil ich mich selben nimmer vergâhen.
swer umbe Hilden wirbet, den heizet man dâ slahen
         oder hâhen.'

10. Dô sprach der degen Fruote ,wolde Wate sîn   230
gegen Îrlande wan der bote dîn,
sô möhte uns wol gelingen und bræhten dir die vrouwen,
oder uns wurden wunden ûf daz herze al durch den
         lîp gehouwen.'

11. Hetele der herre sprach ,dâ wil ich hin   231
senden zuo den Stürmen. ân angest ich des bin,
Wate rîte gerne swar ich im gebiute.
heizet mir von Friesen komen Îrolden unde sîne liute.'

12. Die boten riten gæhes ze Stürmen in daz lant,   232
dâ man Waten den küenen bî sînen helden vant.
man sagete im von dem künege, daz er im komen solde.
Waten hete wunder waz sîn der künic von Hegelingen
         wolde.

219,3, 228,4 und 230,2 Ergänzungen.